本书受陕西省社科基金“企业为主体的创新体系中政府的角色定位与作用机制研究”（2020R018）、国家自然科学基金面上项目“创新生态系统视角下企业颠覆性技术创新的实现路径与作用机制研究”（71872147）资助。

企业创新体系中政府的作用机制

李林蔚 张艺佳 著

西安交通大学出版社
XI'AN JIAOTONG UNIVERSITY PRESS

图书在版编目(CIP)数据

企业创新体系中政府的作用机制 / 李林蔚,张艺佳著.-- 西安 : 西安交通大学出版社,2023.8
ISBN 978-7-5693-3479-1

Ⅰ.①企… Ⅱ.①李… ②张… Ⅲ.①政府干预-作用-企业管理-技术革新-研究-中国 Ⅳ.①F279.23

中国国家版本馆 CIP 数据核字(2023)第 198582 号

书　　名　企业创新体系中政府的作用机制
QIYE CHUANGXIN TIXI ZHONG ZHENGFU DE ZUOYONG JIZHI
著　　者　李林蔚　张艺佳
责任编辑　史菲菲
责任校对　王建洪
装帧设计　伍　胜

出版发行　西安交通大学出版社
(西安市兴庆南路 1 号　邮政编码 710048)
网　　址　http://www.xjtupress.com
电　　话　(029)82668357　82667874(市场营销中心)
(029)82668315(总编办)
传　　真　(029)82668280
印　　刷　西安五星印刷有限公司

开　　本　700mm×1000mm　1/16　**印张**　10.25　**字数**　128 千字
版次印次　2023 年 8 月第 1 版　2024 年 4 月第 1 次印刷
书　　号　ISBN 978-7-5693-3479-1
定　　价　68.00 元

如发现印装质量问题,请与本社市场营销中心联系。
订购热线:(029)82665248　(029)82667874
投稿热线:(029)82665379
读者信箱:511945393@qq.com

前　言

作为西安建筑科技大学管理学院的一名教师，我近年来一直对企业创新体系的构成及其运行机制特别感兴趣，尤其关注企业创新体系中的政府作用，并对此做了许多调查与研究，在此过程中对企业创新体系中政府的作用机制的认识越来越深刻。为了将近些年的所感所获与更多业内人士分享，便萌生了写一本书的念头，并渴望这本书能为相关领域的研究者和企业家在企业创新体系中政府的作用机制方面的学习贡献一点绵薄之力。

数字经济时代，创新被认为是推动经济发展和社会进步的核心要素。企业是创新的主体，而政府则能够为企业创新提供支持和帮助，促进产业升级和社会进步。在企业创新体系中，政府的作用至关重要，政府可以制定政策支持创新、优化创新资源配置并监管保障创新体系的顺利运行；政府还可以建立诸如科技园区和孵化器等各类创新平台，为企业提供创新场所和科技服务。政府的这些作用可以促进企业创新发展，为提升企业竞争力、产业转型升级、促进经济发展和推动国家创新驱动发展战略落地生根做出贡献。因此，政府在企业创新体系中的作用机制具有重要的意义，需要引起重视和关注。本书通过探究企业创新全链条中政府的不同角色和作用边界，旨在为促进创新成果有效转化为社会生产力、激发我国整体科技创新活力提供一些策略与政策建议。

本书以“归纳＋发展”方法论为指导，从“全链条＋过程性＋动态演化”的系统论视角出发，综合过程论、整体论和演化论的多重优势，聚焦政府在企业创新体系中的作用边界、作用机制及其优化路径，整体而全面地认知我国双元情境下政府在企业创新体系中的双重作用；结合扎根理论、案例研究等质性研究和主流的统计与实证分析方法，深入探讨企业创新体系形成、运行与演化的全过程，揭示其构成与构建方式、共生演化机理和内在运行规律；围绕“多阶段、多主体、多节点”的特征，详细分析创新体系中政府作用方式与作用机制，优化政府作用机制并构建优化路径模型，并就确保创新体系良性运转的制度环境和保障体系进行有针对性的设计，最终提出以市场导向为出发点和落脚点、政府在创新体系有效发挥作用的策略与政策建议。

本书由李林蔚、张艺佳撰写，撰写的字数分别为108千字、20千字。

希望本书所形成的企业创新体系中政府作用机制的相关研究结论能帮助更多的学者和企业家在相关领域内有所斩获！

李林蔚

2023年6月

目　录

第1章 绪论

1.1 研究背景

当前国际竞争环境下，世界各国均不断出台鼓励科技创新的政策，提升科技创新软实力，以此作为提高本国国际竞争力的一个重要手段。党的十八大提出实施创新驱动发展战略，明确要求提高科学研究水平和成果转化能力，抢占科技发展战略制高点。党的十八届三中全会进一步强调，要使市场在资源配置中起决定性作用和更好发挥政府作用，要建立健全鼓励原始创新、集成创新、引进消化吸收再创新的体制机制，健全技术创新市场导向机制，发挥市场对技术研发方向、路线选择、要素价格、各类创新要素配置的导向作用，强化企业在技术创新中的主体地位。党的十九大则提出加快建设创新型国家，加强国家创新体系建设，强化战略科技力量，深化科技体制改革，建立以企业为主体、市场为导向、产学研深度融合的技术创新体系，加强对中小企业创新的支持，促进科技成果转化。党的二十大提出完善科技创新体系，加快实施创新驱动发展战略。

迄今为止，我国创新驱动战略成效显著，创新引领作用更加凸显

(洪银兴 等,2018)。党的十八大以来,科技创新实现了历史性、整体性、格局性的重大变化,创新型国家建设成果丰硕。概括起来,我国科技创新水平加速迈向国际第一方阵,进入了“三跑并存、领跑并跑日益增多”的历史性新阶段。重大专项如移动通信、集成电路、数控机床、大飞机、核电等重点领域率先实现跨越,以蛟龙、天眼、悟空、墨子、慧眼等为代表的重大创新成果相继问世,基础研究的国际影响力大幅提升,在若干领域开始成为全球的创新引领者。2022 年,我国全社会 R&D(研发)经费支出首次突破 3 万亿元,R&D 强度首次突破 2.5%;国际科技论文总量和被引用量、发明专利申请量、授权量都居世界前列。此外,我国科技体制改革向系统纵深推进,科技管理格局实现了从研发管理向创新服务的历史性转变。企业创新主体地位进一步增强,我国 R&D 人员总量连续多年保持在世界首位,源于企业的研发投入占比已近八成。中国在智能终端、无人机、电子商务、云计算、互联网金融、人工智能等领域崛起一批具有全球影响的创新型企业。2022 年,我国“独角兽”企业数量仅次于美国,居全球第二;华为在全球《专利合作条约》(PCT)专利申请量最大的公司中高居第一位。我国区域创新已形成梯次联动新格局,23 家国家自主创新示范区和 177 家国家高新区成为区域创新发展的核心载体和重要引擎。

然而,在长期的计划经济体制下,我国建立起一种以政府部门研究机构为主体,以垂直领导关系为特色的科技体制(吕炜 等,2021)。在特定的历史条件下,这种政府主导的创新体系发挥了集中有限资源办大事的优势,为我国在国际社会奠定大国地位发挥了重要战略作用。随着社会主义市场经济体制改革向纵深发展,市场化和全球化的进程不断深入,企业逐步成为技术创新的主体,运用市场机制配置创新资源的实践探索不断取得突破。与此同时,由政府主导创新资源配置存在的“选择性偏见”、低效率、寻租腐败等问题也逐步凸显,这也使得我国企业仍然在“创新困境”的泥潭中苦苦挣扎,备受争议的“李约瑟难题”仍将持续困扰我国。我国整体科技创新乏力、科技成果转化率偏低，各行各业仍很少产生全球驰名的、具有重大社会效益的创新成果，世界知名的中国品牌十分有限。美国商务部针对中兴通讯公司的“禁售令”引发了人们对核心技术和自主创新的关注。该“禁售令”既透露出美国对中国迈向高端制造（即“中国制造2025”战略）的警惕和焦虑，也警示我们要正视自身存在的短板以及在高新技术领域的差距，要做强“中国制造”破解“缺芯”之痛，关键在于创新，在于加快突破核心技术，铸就“国之重器”，而这对我国创新体系建设提出了全新的重大命题。

全面深化科技体制改革势在必行，面对这一全方位的重大改革需求，必须破除一切制约创新的思想障碍和制度藩篱，以市场化为导向重构我国的创新体系，从政府主导型向市场导向型创新体系转变，政府也要从过去重资金、项目、计划管理手段转移到重政策杠杆、政策调控、环境营造的手段上来。尤其在我国“政府与市场”双元情境下，我国企业的创新发展体现着特定的经济转型、社会变迁和制度变革的烙印，呈现出与西方市场经济体制下不同的创新特征。企业创新体系从形成、运行到演化的全过程，都与政府保持着千丝万缕的联系；创新全链条各个阶段也总少不了政府的身影，政府这只“看得见的手”发挥着不可替代的独特作用。那么在市场化改革以及创新驱动发展的大背景下，企业创新体系如何构建？如何设计有利于带动企业走出“创新困境”的科技创新政策机制？政府在企业创新体系的形成、运行与演化中应发挥怎样的作用？政府这只“看得见的手”到底是在“帮忙”还是在“添乱”？政府又怎样才能做到“有所为、有所不为”？这些是当前我国创新驱动和改革实践亟须破解的重要命题。基于上述背景，本书将从市场导向出发，探索创新体系中政府作用边界、机制及优化问题，为我国实现经济结构调整、产业转型升级、创新驱动发展建言献策。

1.2 现有研究的代表性观点及进一步研究的空间

1.2.1 相关研究的代表性观点

1.代表性观点1:确立以市场为导向是我国创新体系建设的关键一环

创新是一种面对社会经济生活未来的创造活动,创新的市场导向性至关重要(赵紫佳 等,2022)。在我国,政府长期占据着创新资源配置的主导地位,由于政府无法事先掌控经济发展趋势及技术创新动向,主观性、盲目性及滞后性使其在创新资源配置的过程中显出弊端,造成创新资源配置扭曲、创新成果的经济贡献率低等现象。随着市场经济确立,市场化水平渐趋成熟,市场开放度达到相应水平,统一开放竞争有序的市场体系逐步完善,市场决定创新资源配置是必然趋势(张旭 等,2022)。一般地,市场以价格为信号,调节供求,运用供求机制、价格机制、竞争机制和风险机制的交互作用调节着市场主体与客体,实现均衡与优化。但是创新资源的独特属性以及政府的不当干预使得创新要素市场的成熟度明显滞后于创新产品市场,致使市场在决定技术创新资源配置上的复杂度加大,不确定性因素增多,实现效率最优的难度加大。这就需要创新主体在不断培育与完善要素市场的同时,以市场为导向,推进创新要素自由流动,在"阵痛"的不断试错过程中推进创新目标市场化、创新过程市场化、创新结果市场化,使创新产品更好地满足市场需求,满足人民群众的需求,进一步加快建设符合我国国情的创新体系。

2.代表性观点2:清晰界定政府作用边界是建设企业创新体系的重要保障

在改革开放40多年深刻的经济与社会变革中,中国企业的创新发展体现着特定的经济转型、社会变迁和制度变革的烙印，呈现出与西方市场经济体制下不同的创新特征。在我国独特的“政府与市场”双元情境下，政府在创新活动中扮演双重角色。一方面，政府负责制定一系列创新发展方针政策以及对科技创新提供大量的财政支持，而且发挥市场对创新资源的基础配置作用也需要政府的协调与引导。一些大型创新项目往往由政府主导或国有企业牵头，比如雾霾治理、癌症等重大疾病防治攻关等民生领域创新，它的许多创新成果都离不开政府的引导与支持。而另一方面，国家创新体系中政府职能的缺位、越位及与市场关系的错位现象大量存在，导致我国创新投入与产出(有效产出)效率低、科技成果的转化率低等问题更趋严重。政府究竟是“帮忙”还是“捣乱”取决于它的作用范围是否恰当合理。

因此我们认为清晰界定政府在创新体系中的作用边界是建设良好运行的创新体系的关键。以德国政府为例，德国之所以能够在技术创新及创新驱动经济发展方面取得巨大成效，就在于国家创新体系中政府与市场各归其位，市场机制在激励创新、配置创新资源方面发挥决定性作用，政府则致力于为创新驱动发展提供完善的市场制度体系，营造公平竞争的市场环境，并在不干预市场的基本原则下，在支持基础研究、提供科技公共服务、培养科技人才等公共领域积极作为，弥补市场机制在这些特定领域的不足。明确政府在创新体系中的职责定位和作用范围，从“需求面”“供给面”“环境面”构建市场导向下的政府作用结构框架，弥补抑制创新的体制机制缺陷，完善创新市场制度，才能切实为我国创新体系建设提供制度保障。

3.代表性观点3：市场失灵假设是研究政府作用边界及作用机制的一个重要前提

国家或政府的作用，历来是经济学家们争辩的主题，并在长期的争辩中形成了经济自由主义和国家干预主义两大思潮。然而，经济自由主义和国家干预主义尽管是对立的，在分析政府作用边界的思路和理论逻辑上却存在共通点。

在经济自由主义者看来：①市场机制是充分有效的，能够保证资源达到最佳配置；②不存在作为政府公共政策追求目标的所谓公共利益，"社会福利函数"也只是一个虚幻的存在；③政府是"无能、低效、腐败的化身"，市场解决不好的事情政府也未必能够解决。因此，应充分发挥市场机制的自发作用，限定政府的作用范围，并限制政府的扩张。相反，在国家干预主义者眼里：①"市场不是理想的，存在市场失灵"；②存在独立于个人的公共利益，由个人偏好可以合乎逻辑地导出社会福利函数；③政府是公共利益的代表，会不偏不倚地确保社会最终处于社会福利最大化的状态。因此，应充分发挥政府的作用，弥补市场的缺陷和不足。

经济自由主义与国家干预主义都是基于对市场与政府的估价直接导出政府的职能范围。市场的完善秩序是经济自由主义者限定政府职能的理论基础，"政府失灵"则是他们反对政府干预的最有力的现实理由。但是，如果说政府不干预的全部依据在于市场的完美秩序，那么市场失灵就会成为政府干预的有力根据。正是按照自由主义者的逻辑思路，庇古等干预主义者发现了在失灵的市场中"理想政府"的存在与位置。当市场机制不能有效解决一些问题，即出现市场失灵时，政府就通过管制以矫正和改善市场机制内在的问题。市场失灵是政府干预的前提。

4. 代表性观点 4：创新体系中政府作用机制优化的重点是创新环境优化，而创新环境优化的关键是制度环境优化

根据环境性质的不同，创新环境可以分为硬环境和软环境（袁文融 等，2021）。其中硬环境主要是指自然地理环境和基础设施配套等物质性环境因素，软环境主要是指政策、法律法规、服务等文化环境。

就基础设施环境而言，当前，航空、能源以及信息基础设施方面存在薄弱环节，创新基础设施不完备，缺乏核心技术和关键技术；一些特定领域中知识基础设施后备资源短缺，公共信息资源共享程度不高。就制度环境而言，创新政策政出多门、管理不统一，激励创新主体的政策体系不健全；推动要素之间联动制度保障不完善，知识产权保护制度不健全。为优化创新环境，进行创新政策设计时需要重点考虑政府基础设施配套和创新制度保障的功能。

创新基础设施配套建设是前提条件。第一，强化创新基地与平台构筑机制，政府着重通过建设国家实验室、科研基础设施和大型科学仪器、自然科技资源和科学数据共享平台，创新网络平台，成果转化公共服务平台等，建立和完善国家科研基地与科研基础设施向企业和社会开放共享的机制及制度；第二，建立和完善科技信息服务机制，加快国家信息基础设施建设，政府通过成立国家科技图书文献中心、建设数字图书馆、完善技术中介机构和情报机构等为创新活动提供技术咨询和信息咨询，实现资源共享和信息利用；第三，优化创新专业服务机制，加快创新服务机构的发展，构建并完善由提供信息咨询服务，为促进科技成果转化、科技资源有效流动和合理配置提供服务，提供金融服务，提供各种评估和认证服务等组成的服务体系。政府通过基础设施配套的不断完善，为创新主体间知识和信息的产生、积累和传递，以及集体创造、扩散与应用知识和技术提供优越的客观环境。

创新制度建设是重要保障。基础设施方面的硬环境是软环境发挥作用的物质平台，与创新活动有直接关系的政策法规和创新文化氛围等软环境是重要保障。第一，完善政策法规制定机制，在国家法律的框架下，通过法定程序适时地将有关创新政策上升为法律法规，并围绕其制定一系列相配套的创新法规，以建立一套完善的支持创新的法律法规，注意协调各项法律法规之间的关系，发挥法律支持体系的整体功能。第二，健全有效竞争的市场机制，政府要致力于清理垄断，构建竞争的有序市场结构；建立创新主体信任评审机制，使创新主体间形成相互信任的诚信市场环境；强化知识产权保护机制，在知识产权的产生、占有、转让和扩散等各道环节都形成有法可依的保护措施。第三，健全创新文化氛围营造机制，政府要加强教育与宣传，积极培育创新文化价值观，倡导合作文化和共赢文化，形成更为完善的创新人才选拔、培养、支持与组织管理的制度文化，为创新主体的创新活动提供文化支撑。

1.2.2 进一步研究的空间

从理想的市场或政府角度出发来确定市场与政府的有效边界，是自由主义和干预主义一个共同的局限。事实上，现实中的市场和政府都有其自身不可克服的缺陷，任何一方的缺陷在逻辑上并不必然保证来自另一方的替代一定是合理的选择。政府和市场都是现实经济过程的组成部分，二者不存在非此即彼的选择。国家干预主义与经济自由主义另一个共通的局限是国家的实体概念，二者都同样采用严格区分国家和民间社会的二分法，将国家视为一个独立的整体或实体，它拥有独立于个人的偏好、目标和利益，即国家或政府是一个高居于社会之上并与社会相脱离的统治者。区别只在于，国家干预主义者的政府是仁慈而圣明的，经济自由主义者的政府则是腐败而低效的。事实上，国家和民间社会虽各有不同的特性，但并不意味着二者可以截然分开；二者都有一定程度的自治权，并在一定程度上相互渗透，它们之间存在着一种互替、互补、互动的复杂结构性关系。因此，在研究政府的作用边界时，我们当然要考虑市场失灵的问题，但也不能局限于此，要认识到市场和政府都有其自身不可克服的缺陷，除了市场失灵外还存在其他需要政府干预的领域，同时也并非所有市场失灵的领域政府都能完美解决。基于以上研究缺陷，本书将从以下四个方面进一步探究创新体系建设中的相关问题。

1. 基于市场导向探究创新体系的生态主体构成及其共生演化机制

创新体系的建设与运行是一项系统工程，不仅需要发挥市场的主导作用，更需要包括政府、高校、科研院所、金融机构等在内的辅助作用。未来研究应深度借鉴生态环境系统的观点，深入探索如何构建包含政府、高校、科研院所、企业、金融机构和中介机构等在内的生态系统，以最大化地发挥创新体系的作用。创新体系的构建过程不仅包含各个主体定位过程中的内部问题，还包括协同过程中的制度问题和经济问题，需要未来研究逐一聚焦破解。生态环境最典型的特征是共生演化，未来研究应不仅聚焦于各生态主体在体系中的角色定位，更应关注生态主体之间的共生演化关系，明确演化过程的衡量指标，探索政府、高校、科研院所和企业等关键生态主体之间如何在良性互动中，在获得自身发展的同时，带动其他生态主体的不断演进变化，最终形成创新体系各个生态主体协同创新、共同进步的发展局面。

2. 在企业创新体系中清晰界定政府的角色及其作用边界

以市场为导向体现在创新资源由市场配置、创新主体由市场选择、创新过程由市场推动、创新收益由市场分配，而政府则起到政策制定者、创新激励者、资源协调者、产权保护者等宏观调控与引导作用。目前，政府和市场的作用边界尚不清晰，政府既是运动员又是裁判员的现状干扰市场发挥资源配置作用。未来研究中应该厘清各级政府在不同产业领域、不同创新阶段的角色定位和作用边界。转变政府无限职能为有限职能，干预市场为服务市场，清楚界定政府在不同产业领域和创新阶段的进入时点、介入程度以及干预范围。确定政府的职能、职责以及职权边界，对政府以往在创新资源配置中越位、错位、缺位的问题提出相应的退位、归位和补位措施。

3. 从创新全过程的视角探索政府在企业创新体系中的作用机制并提出优化路径以提高政府效能、保障创新体系良性运行

通过对政府的引导、激励、协调、保护、控制等具体作用方式和作用机制进行分析，找出不同层级政府对各创新生态主体在各创新阶段中的作用机制，以及各创新链节点的作用方式和作用路径，通过分析发现其中存在的问题，进一步确定优化目标、优化步骤、优化方式和优化路径。例如，国家及各级地方政府通过的一系列的相关科学技术法规，对企业提供政策和税收支持，扶持金融机构介入创新风险投资等，这些都能够在一定程度上激发创新活力。但是这些措施的作用方式和路径也许并未达到最优化，因此未来可以进一步通过政府作用机制优化路径模型构建与虚拟仿真选出政府作用的最优路径。

4. 基于制度理论构建能够保障企业创新体系良性运转的制度环境

在建设创新体系的问题背景下，制度为政府、企业、科研单位、金融机构和中介机构等生态主体提供了行为约束的法则，这些法则不仅规范着生态主体自身的行为，而且调节着生态主体之间的互动关系。如果希望系统性提升创新体系的效率和效果，基于制度研究的政策保障是关键内容与核心要务。因而应以新制度经济学的相关理论为基础，运用制度理论的内容（如制度结构与制度变迁等），探索如何减少创新体系中各主体之间重合的作用范围，清晰界定政府的作用范围，进一步加强生态主体之间的沟通与协作，使得生态主体之间能够真正实现共生演化，为创新体系的顺利运行提供良好的制度环境。

1.3　总体框架和预期目标

1.3.1　研究问题

本书研究的总体问题可概括为:厘清市场导向下创新体系的全链条生态参与主体构成、职能定位、相互依存关系、共生演化机制及其运行规律,有效界定政府在企业创新体系中的作用边界、作用机制及其优化路径,构建市场导向下创新体系良性运转的制度环境与保障措施,并就促进创新成果有效转化为社会生产力、激发我国整体科技创新活力提供策略与政策建议。

在政府作用边界研究中,本书将通过国内成功案例和目前政府作用的实际调研以及收集国外成功经验等事实资料凝练分析,挖掘我国目前政府主导的创新体系构建及运行实践中急需市场化环境解决的问题,以创新成果快速有效转化为社会生产力为目标诉求,识别、界定政府在市场导向下创新体系中的角色职能定位及作用边界。在政府作用机制与优化研究中,本书将基于创新全链条中政府不同角色和作用边界的政府作用方式差异,秉承市场导向的原则,提出具有理论和实践价值、能够切实反映市场导向价值准则的、适宜创新成果创造与转化的政府作用机制,以及在动态多变的复杂环境下政府作用机制的优化路径。在制度环境构建的研究中,本书将立足于创新体系构建与运行中的障碍、政策制度落实执行的难点和机制瓶颈以及国外制度建设的成功经验,聚焦创新主体动力不足、创新资源配置低效、市场竞争机制不健全、投融资渠道不通畅等关键问题,以市场导向为立足点和出发点,给出制度构建的政策取向和条件保障。

1.3.2 研究对象和主要内容

1.研究秉承的原则

本书认为市场导向是在创新体系的形成、运行与演化过程中，通过建立动力机制、激励机制、市场竞争机制和市场交易机制等，实现以创新资源由市场配置、创新主体由市场选择、创新过程由市场推动、创新收益由市场分配为特征的良好市场关系，促进各创新生态主体之间利益共享、风险共担、供需有效匹配，激活创新主体的积极性、主动性和巨大潜能，实现创新驱动经济社会良性发展的行为。概括起来，本研究秉承市场导向的原则，具体体现在三个方面：

(1)政府作用边界界定体现市场导向的思想。创新体系是一个包含众多要素以及要素间联系架构复杂的整体，涉及多元化生态主体，在不同的创新阶段，需要政府等不同的生态主体参与和不同的要素投入。本研究以市场导向为指导原则，从创新全过程(全链条)的视角识别和厘清创新体系中多元生态主体的角色和职责功能定位，界定政府在创新体系中的作用边界，明确政府在创新体系中如何“有所为、有所不为”。

(2)政府作用机制设计体现市场导向的思想。创新主体间的互动、创新资源的集聚以及创新活动的激励不仅需要政策引导，更重要的是需要以市场化为导向的服务体系与相应的机制设计来促进。政府作为创新体系中最为特殊的组成部分，要站在超脱于政府和市场关系的全局性立场，系统全面地设计创新体系与内在机制。以市场导向为原则，创新体系中的各要素主要遵循市场规律完成创新活动，政府无须对创新体系进行全方位调控，应设计创新体系的主体活力培育机制、公平市场竞争机制和市场交易机制等作用机制，实现并保障创新资源由市场配置、创新主体由市场选择、创新过程由市场推动、创新收益由市场分配的良好市场关系。

(3)创新制度环境构建体现市场导向的思想。为激发多元生态主体的积极性和巨大的潜能，保障创新体系的健康顺利运行，必须弄清创新体系的制度障碍因素，以市场导向为原则，构建创新体系形成、运行与演化中政府的制度保障体系，明确政府在市场导向创新体系中的有效制度供给，培育创新发展的制度新动能，以实现创新驱动经济社会良性发展。

2. 研究对象及内容

本研究的对象是创新体系，具体包含三个方面的内容。

(1)创新体系的构成。创新体系涉及多元化生态主体，构建创新体系是一个错综复杂的系统工程，在不同的创新阶段，需要不同的生态主体参与和不同的要素投入。第一，创新体系涉及多元化的生态主体，包括政府、高校、科研院所、企业、中介机构、金融机构等。不同创新主体之间相互合作与竞争，共同推动创新成果的创造、转移和转化，这些生态主体在创新体系中的角色定位和动力是整个创新体系生态系统良性发展的基础。第二，根据创新活动的阶段性特征，创新体系体现一定的阶段性，包括“基础研究”“应用研究”“试验开发”“商业化”等阶段。每一阶段创新活动的微观要素需求和宏观环境要求有很大不同，每一阶段关键生态主体的角色功能与市场地位以及各主体间的联系也有差异，使得其生态环境构成不同。第三，创新活动需要各种要素投入。依据实际创新链条各环节来看，这些要素包括信息、资金、人才、技术等微观要素，以及经济、政治、文化、技术等宏观环境要素。各种要素在创新体系中持续不断地流动，以保证创新活动的顺利开展，并形成各具特色、相互联系、相互影响、相互促进的创新体系。

(2)创新体系的构建。创新体系的形成与构建受到宏观、中观和微观等多层面因素影响，而且这些影响因素的作用机制又包括积极的驱动机制和消极的约束条件，各阶段、各层级以及整个创新链条的驱动因素和约束条件也具有很大的差异。一方面，创新体系的产生与形成有多方面的驱动力，政府、高校、科研院所、金融机构、企业和中介机构作为创新体系中的关键生态主体，在创新体系中承载着不同的服务类别，各个参与主体共同努力推动创新体系的良好运行和不断演进；另一方面，在各个层面的影响因素中，一些因素会约束甚至阻碍市场导向创新体系的形成(约束条件)，创新需要不同的生态主体参与和要素投入，每一阶段的创新活动实际上受限于各参与主体的最大资源和能力，任何生态主体或要素投入出现问题，都可能导致创新过程的失败，创新链条的薄弱环节和易“断裂”之处也制约着整个创新体系的顺利运转。市场导向创新体系是由多个生态主体参与的创新增值过程，伙伴的选择及形成决策机制也是创新体系构建的重要因素。一方面，从创新全链条来看，需要多元生态主体在市场规律的主导下配合开展创新活动，尤其是在创新的不同阶段，参与主体的角色和发挥的作用都具有独特性，各个主体所参与的阶段以及发挥的作用也在不断演化，因此参与主体合作伙伴选择以及各节点之间的主体转换需要深入探讨；另一方面，在明确了市场导向创新体系的驱动机制、约束条件和参与主体选择的基础之上，需要进一步分析市场导向创新体系形成与构建中生态主体角色、生态主体合作形式、创新链条的薄弱环节等具体问题。

(3)创新体系的运行与演化。创新体系的本质是一个多元主体共生、体系整体演进的动态运行系统，具体表现为：在创新的不同阶段，多元主体共同参与，各主体间相互依存，形成独特的“竞合”关系；随着创新活动的持续开展，创新体系内部的所有成员协同进化、共同发展，带动系统整体发展演进。其具体包括两个方面的内容：第一，创新生态系统的共生机制。共生机制是创新体系运行机制的重要内容,也是体系内部主体赖以互利共赢的法则。其注重创新体系各主体之间的依赖与互动,协调规制各主体间、主体与外部环境间的依存关系。第二,创新生态系统的演化机制。创新体系具有自组织和自演化的功能,要求各主体间协同进化、共同发展,从而带动体系整体的发展演进。创新体系的整体发展,以及体系内部各主体的变化与调整,共同构成创新体系的动态演化。

1.3.3 总体研究框架

本书的总体研究框架如图1-1所示,从构建理论框架、选题方向、明确研究内容三个方面进行诠释。

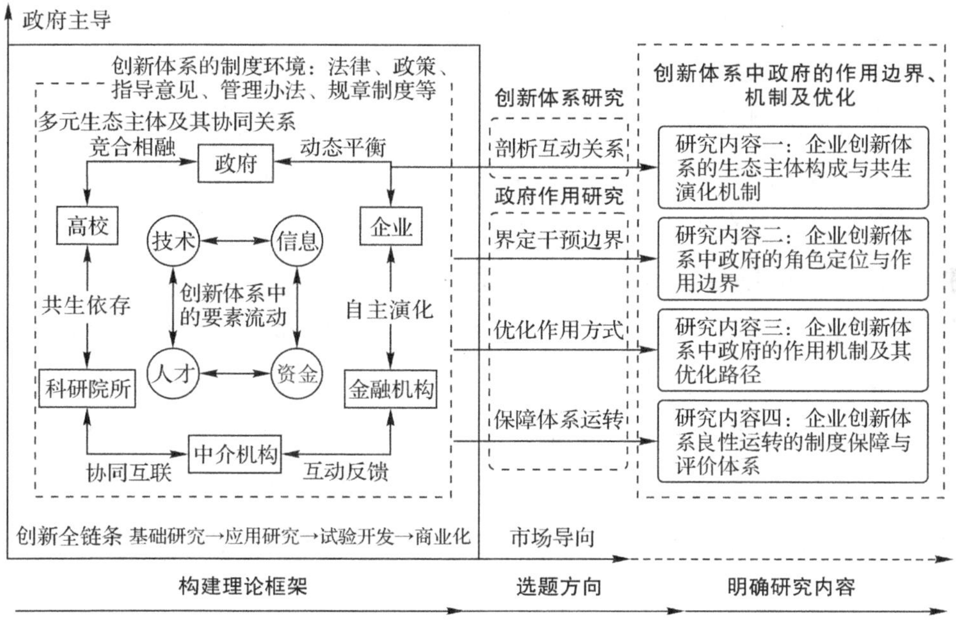

图1-1 本书的总体研究框架

创新体系的制度环境包括法律、政策、指导意见、管理办法和规章制度等。本书基于制度逻辑澄清创新生态环境和制度影响政府、企业、高校、科研院所、提供各类服务的中介机构以及提供资本支持的金融机构等生态主体，围绕创新全链条共生演化的行为特征和角色功能定位，以促进创新成果转化为生产力为目标的协同创新的机制障碍。在要素层面，基于认知、规制和规范的制度约束诠释生态主体围绕创新互动的人员、资金、技术和信息在创新生态环境中高效率、高质量流动的条件。政府作用边界、机制及优化的具体内容不仅与创新的阶段（如基础研究、应用研究、试验开发、商业化）密切相关，而且与政府主导的创新体系（参与主体角色及其协同共生关系等）和制度（动力、激励、市场和交易机制等）障碍以及国际的成功经验高度联系。

创新体系的主导力量按照性质可以分为政府主导和市场导向。创新往往需要高投入并伴随高风险。传统创新体系中，我国政府在创新体系的构建和运行过程中具有主导地位，政府通过行政手段对创新资源进行配置，推动创新主体间形成产学研合作关系，力求结合产业当下发展的共性问题和未来发展的制约问题，集中最为优势的创新资源，争取在科学研究领域对产业问题取得重大突破，引领产业技术发展。市场导向是在创新过程中发挥市场的推动力量，从项目立项开始，到资源向企业集聚，到引进银行和风险投资等金融机构，再到成果的进一步开发和市场化，整个过程中政府由主导者转变为服务者，充分发挥市场对创新主体选择、创新资源配置、创新过程推动、创新收益分配的作用，并通过营造制度环境保障市场力量在创新各环节的权利与收益分享，最终激发市场对创新过程的巨大推动潜力。

本书在我国独特的“政府与市场”双元情境下，基于当前我国创新体系的具体实践背景，以“归纳＋发展”方法论为指导，从“全链条＋过程性＋动态演化”的系统论视角出发，结合扎根理论、案例研究等质性研究和主流的统计与实证分析方法，深入探讨企业创新体系形成、运行与演化的全过程，揭示其构成与构建方式、共生演化机理和内在运行规律，重点剖析政府在企业创新体系中的作用边界及作用机制，并就确保创新体系良性运转的制度环境和保障体系进行有针对性的设计，最终提出以市场导向为出发点和落脚点、政府在创新体系中有效发挥作用的策略与政策建议。

1.3.4 研究目标

分析企业创新体系，探究政府在体系中的作用边界与作用机制，有利于明确政府角色定位与职能边界，确定政府在企业创新体系中的作用方式，从而提升政府效能，增强我国经济与社会发展的创新能力。本研究在理论分析、服务决策与实践运用等方面的目标如下：

(1)基于创新体系形成、运行与演化实践的深度调查与国际成功经验等信息，结合生态学视角，从制度逻辑、政策工具同实践互动的视角透视我国企业创新体系的机制和体制障碍，为政府职能转变提供思路与参考。

(2)通过识别政府主导与企业创新体系中政府角色的差异性和职能的异质性，辩证分析政府在企业创新体系中的作用和地位，并结合文献资料，界定企业创新体系中政府作用边界，为政府明确其职能，更好地做到“有所为、有所不为”提供行动依据。

(3)结合“政府与市场”双元情境，并以市场导向为立足点，在有效识别创新体系中政府的角色地位与作用边界的基础上，遵循节约创新成本和提高创新资源配置效率的基本原则，梳理企业创新体系的政府作用机制，构建政府作用机制优化模型，并利用仿真实验予以验证，提炼指导企业创新体系运行与演化的方法、技术和路径，为政府作用机制的优化提供科学依据和理论支持。

(4)以市场导向创新体系的顺利构建与稳定运行为目的,结合制度理论和公共经济学的分析框架,探究创新体系所对应的制度保障机制与综合评价体系,为培育市场导向创新体系的制度新动能奠定基础,并为政府更有针对性地改进创新体系、改善营商环境提供实践指导和政策建议。

1.4 研究思路和研究方法

1.4.1 研究思路

本书聚焦于厘清政府在企业创新体系中的作用边界、作用机制及其优化路径,提出确保创新体系良性运作的制度保障与政策建议。具体而言,本书将首先识别企业创新体系各生态参与主体构成、角色职能定位、相互依存关系及其共生演化机制;在此基础上,比较政府在企业创新体系中的角色差异与双重作用,厘清政府的角色定位与作用边界;围绕“多阶段、多主体、多节点”的特征,详细分析创新体系中政府作用方式与作用机制,优化政府作用机制并构建优化路径模型,并分析支撑创新体系构建与运行的制度保障,培育制度新动能,同时评估体系中市场与政府的绩效,提供有效激发创新活力的政策建议。

企业创新体系具有多主体、自组织和自演化的特征,与自然生态系统十分类似。企业、政府、高校、科研院所、中介机构、金融机构等创新主体在创新体系中各司其职、各尽其责、共生依存、竞合相融,共同维持创新体系的稳定,保障创新活动的顺利进行。创新体系建设又是一项长期而复杂的系统工程,涉及多个阶段,并随着环境变化自主演进,体系整体处于动态平衡之中,有利于使用生态系统理论进行类比分析。此外,创新体系中政府角色职能定位、作用边界界定、作用机制分析及优化路径探究都能够运用新制度经济学进行分析，且创新体系的制度保障与综合评估能够借助公共经济学的分析框架予以探究，相关理论得以在研究中有机结合并各有侧重。基于上述学理依据，本研究以生态系统理论为切入点分析企业创新体系，聚焦创新主体的角色定位；在此基础上借鉴新制度经济学，着重分析政府作用机制及其优化，并结合制度理论和公共经济学的分析框架，明确创新体系的制度保障。总体研究思路清晰，研究路径明确，研究内容学理依据明晰，具有科学性。

本研究以市场导向为出发点和落脚点，基于我国当前创新体系组织与管理的具体实践背景，综合采用多重认识论和方法论，分析创新体系的现状格局与国内外经验，深入探讨企业创新体系中政府作用机制及其优化路径，以此为基础分析相应的制度环境及其保障与评价体系，研究思路环环相扣，顺畅清晰。

本研究力图探究企业创新体系形成、运行与演化的全过程，揭示其构成构建方式、共生演化机理和内在运行规律，重点剖析政府在企业创新体系中的作用边界及作用机制，尝试阐明政府作用机制的优化路径，建立合理的路径优化模型，并就确保创新体系良性运转的制度环境和保障体系进行有针对性的设计，总体研究内容设计细致、全面，具有可实施性。

本研究总体上以扎根理论和案例分析等质性研究方法为主，结合实地调研、专家访谈、文献分析与政策分析等多样化的研究方式，从不同的角度揭示研究问题，拓宽研究问题的深度与广度，有助于打破现有研究主要采用定性分析的局限，能够确保研究内容的顺利执行、研究目标的顺利实现。同时，研究方法及策略切实可行，具有可操作性。

1.4.2 研究视角

本书从“全链条＋过程性＋动态演化”的系统论视角出发，综合过程论、整体论和演化论的多重优势，整体而全面地认知我国双元情境下政府在企业创新体系中的双重作用，重点分析企业创新体系中政府的作用边界和作用机制，并厘清对应的优化路径。其研究结果将有利于打破旧有静态视角的桎梏，拓展政府作用与创新管理的研究视野。同时，本书结合“生态学”视角，借助生态系统理论解析市场导向创新体系的生态结构与运行机制，借鉴制度经济学的分析方法，更为系统、全面地认识创新体系中政府的角色功能及其在创新过程中与其他创新主体间的相互关系，并能够以此作为分析政府角色定位与作用机制的基础。此外，本书运用公共（政府）经济学的分析框架，探究创新体系的保障机制与评价体系，为创新体系的构建和运行保驾护航，同时提升科技政策建议的理论水平。

1.4.3 研究路径

本书从现实问题出发，为实现企业创新体系中政府“有所为、有所不为”以及创新体系顺利构建与稳定运行的目标诉求，以市场导向为立足点，以创新体系“多主体、多阶段、全过程”的特征为切入点，依照“市场导向创新体系生态主体与运行机制分析—创新体系中政府角色定位与作用边界探究—创新体系中政府作用机制与优化路径探索—创新体系构建与运行的制度保障与评价体系研究”的研究思路进行详细分析。

本书具体研究路径如图 1－2 所示。首先，通过国内外的文献研究、实践案例分析和实地调研等多种方式明晰我国创新体系的现状格局与国外经验，结合生态系统理论澄清创新体系的生态主体构成、构建与运行机制，归总创新体系发展演进过程中遇到的体制机制障碍。其次，通过文献分析、案例分析等方法，详细分析政府的角色定位与作用边界，并以此为基础深入研究政府作用机制及其优化路径，结合仿真分析实现对路径模型的验证。最后，以市场导向为立论依据，结合对创新体系中政府作用的一系列研究，通过相关政策分析实现对市场导向创新体系制度保障与评价体系的研究。

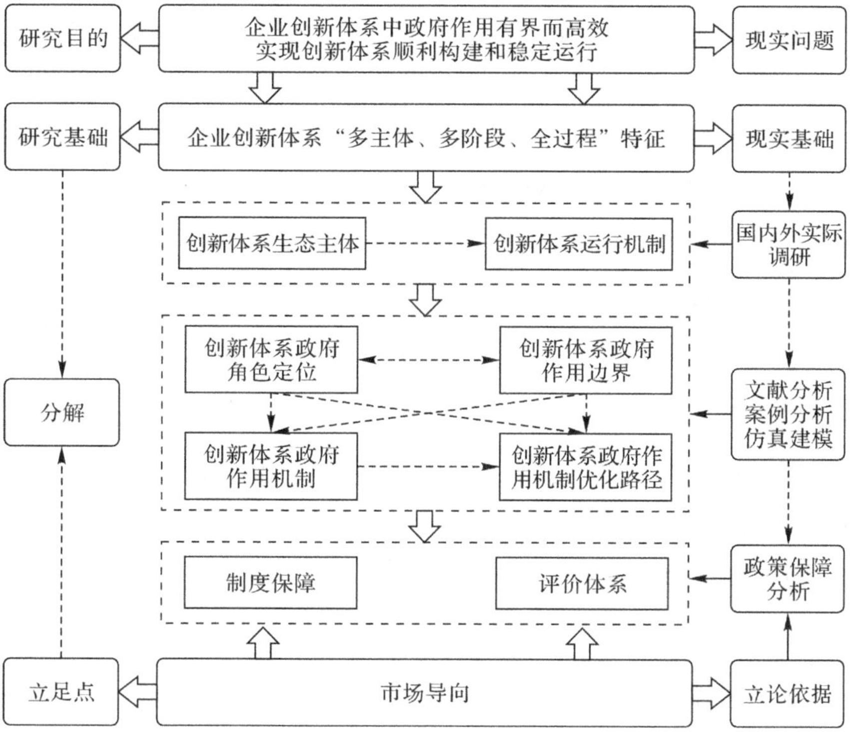

图1-2 本书的研究路径

1.4.4 研究方法

1. 文献分析

文献分析是指根据一定的研究目的或课题需要，通过查阅文献来获得相关资料，全面、准确地了解所要研究的问题，找出事物的本质属性，从中发现问题的一种研究方法。这种方法的关键在于通过对已存在资料的深入研究，寻找规律，形成对事实的科学认识。在本书中，拟通过文献分析法，梳理国内外关于创新体系的学术性报告、研究论文等，并比较其差异，总结我国创新体系的研究现状和国外的有益经验。

2. 实地调研

在实地的调查研究中，常常将问卷调查作为一种主要的收集资料的方法，与大规模的抽样调查和资料的定量分析相联系，可以说，抽样—问卷—定量分析三者的结合体是管理学定量研究中最为普及的方法。大规模的调查研究，有助于摸清现状，深入了解企业创新体系的现状，验证并得到更加具有普适性的研究结论。

3. 专家访谈

专家访谈，即与领域内相关专家进行研究性交谈，以口头形式，根据被询问者的答复收集客观的、不带偏见的事实材料，尤其是在研究比较复杂的问题时需要向不同类型的人了解不同类型的材料。在本书中，拟通过专家访谈法，对企业创新体系的阶段性划分、生态主体、政府政策等内容进行翔实的研究。

4. 案例研究

案例研究通常也遵从质性研究的传统，是一种经验主义的探究，通过对现实生活背景中大量事例证据的研究，完成理论的提出、构建与验证。案例研究有单案例和多案例之分，单案例多注重对某一典型情境进行细致而深入的解释和理解，多案例则强调跨案例分析结果的一致性。案例研究的优点在于，能通过对典型事件的研究发现新奇的理论，适合做探索性研究，而且研究的结果能够相互印证。在本书中，案例研究作为一种近距离、长时间追踪研究对象的研究方法，能够获取大量的、贴近创新体系多元主体现实的、时间跨度较长的一手资料，由此对我国企业创新体系的主体进行深入研究。

5. 扎根理论

扎根理论是质性研究方法之一，是从现实中系统地收集资料、分析资料，从而发现并发展理论。该理论迄今有两个流派：客观主义扎根理论和建构主义扎根理论。虽然二者在资料分析的具体过程中存在差异，但在具体的研究程序上，都遵循在经验资料的基础上建立理论的宗旨，强调资料收集和分析的同步进行，强调研究者对理论保持高度的敏感性。本书拟应用扎根理论的方法来构建基于中国情境的市场导向创新体系政府的作用机制。

6. 政策分析

政策分析一般涵盖对政策的调研、分析、筛选、制定、实施和评价的全过程。政策分析重视比较研究，通过对不同地区、不同国家采取不同政策的结果分析，可寻找政策分析规律，提高政策分析的有效性和普遍性，提出新的比较方法和理论。本书通过政策分析，梳理国内外关于企业创新体系的法律法规和政策文件，并比较其差异，总结我国企业创新体系中政府作用的现状格局和国外的有益制度经验。

7. 仿真研究

仿真研究是指模拟实践中的本质过程建立仿真模型，并通过仿真实验观察系统模型中各变量的变化，用以寻求最优结构与参数。在本书中，通过现实运作探究企业创新体系中政府作用机制优化的最优路径与运行模式几乎是无法实现的，因此通过计算机进行仿真研究是一种特别有效的研究手段。

1.4.5 理论基础

1. 创新理论

创新理论是经济学家熊彼特首先提出的用以解释资本主义经济

发展和周期的理论。熊彼特把创新定义为建立一种新的生产函数，即企业家实行对生产要素的新结合。它包括：①引入一种新产品；②采用一种新的生产方法；③开辟新市场；④获得原料或半成品的新供给来源；⑤建立新的企业组织形式。其后许许多多学者对此进行了扩展和延伸。本书在已有创新理论的基础上，衍生对企业创新体系的阶段性认识和构建原理分析。

2. 制度理论

制度理论假定制度是环境中的一个关键组成部分。制度被斯科特(Scott)定义为"为社会行为提供稳定性和意义的规制性、规范性和认知性结构和活动"。制度包括法律、规定、习俗、社会和职业规范、文化、伦理等。制度会对组织施加约束性的影响(这称为"同构")，迫使位于同一制度领域、受到相同的外部制度环境因素影响的组织趋于一致。本书受制度理论的影响，对企业创新体系的制度环境和政府的作用进行着重分析。

3. 新制度主义经济学

约翰·迈耶(John Meyer)的新制度主义思想关注组织与环境的互动关系，指出组织的制度环境是指一个组织所处的法律制度、文化期待、社会规范、观念制度等为人们"广为接受"的社会事实。新制度经济学家诺斯和托马斯认为有效率的经济组织需要在制度上做出安排和确立所有权以便造成一种刺激，将个人的经济努力变成私人收益率接近社会收益率的活动。本书借鉴新制度经济学思想，研究企业创新体系中政府与市场的激励机制。

4. 公共(政府)经济学

公共经济学(public economics)也被称为公共部门经济学(public sector economics)或政府经济学(economics of government)。政府经济学就是经济学中专门研究政府经济行为、政府与私人部门之间的经济关系和政府经济活动特殊规律性的科学,“是论述各级政府部门和公共组织(如国有企事业单位)的存在意义和行为,回答政府必须做什么以及应该怎样做的学问”。本书借鉴政府经济学,研究企业创新体系中政府的作用边界与作用机制以及保障创新体系良性运转的制度环境。

5. 生态系统理论

生态系统理论由布朗芬布伦纳提出,强调发展个体嵌套于相互影响的一系列环境系统之中,在这些系统中,系统与个体相互作用并影响着个体发展。本书第3章将运用生态系统理论开展研究,包括识别企业创新体系的生态环境条件、生态主体相互依赖的共生机制,以及生态系统优化的演进机制等。

6. 价值链理论

价值链理论是迈克尔·波特于1985年提出的。波特认为:“每一个企业都是在设计、生产、销售、发送和辅助其产品的过程中进行种种活动的集合体。所有这些活动可以用一个价值链来表明。”企业的价值创造是通过一系列活动构成的,这些活动可分为基本活动和辅助活动两类,基本活动包括内部后勤、生产作业、外部后勤、市场和销售、服务等,而辅助活动则包括采购、技术开发、人力资源管理和企业基础设施等。这些互不相同但又相互关联的生产经营活动,构成了一个创造价值的动态过程,即价值链。本书运用价值链理论开展研究,包括识别市场导向下创新阶段划分、各阶段的生态环境构成以及各阶段政府的差异化作用等。

7. 社会网络理论

社会网络理论的基本观点是社会情境下的人由于彼此间的纽带关系而以相似的方式思考和行事。社会网络理论研究既定的社会行动者(包括社会中的个体、群体和组织)所形成的一系列关系和纽带,将社会网络系统作为一个整体来解释社会行为。本书将社会网络理论运用于宏观层面上的组织现象分析，具体分析企业创新体系中多元生态主体的相互关系和市场及政府对主体网络的关系治理。

8. 博弈论

博弈论研究个体局中人在对局中为了赢得一个或多个竞争者的博弈，是如何做决策的(Marden et al. ,2015)。局中人被假定是深奥、聪明的个体能动者，在一个复杂难解的环境中追求自己有限的目标。本书将利用博弈论的思想来解释企业创新体系中不同主体间复杂的博弈关系以及与之对应的政府和市场对收益分配和激励引导的机制设计。

1.5 拟解决的问题

1.5.1 关键性问题

1. 企业创新体系的构成、构建与运行机制问题

企业创新体系涉及多元化的生态主体，包括政府、高校、科研院所、企业、中介机构、金融机构等，多元生态主体在企业创新体系中的动力是整个创新体系生态系统良性发展的基础(谢家平 等,2022)。运用生态系统理论，识别企业创新体系各阶段的生态环境构成，分析企业创新体系的生态主体构成与功能定位，并从社会网络理论的视角构建多元生态主体的多层级网络框架。同时基于市场导向的原则，识别影响企业创新体系形成的多层面驱动因素和约束条件，在此基础上搞清企业创新体系的形成与构建机理，分析企业创新体系的共生机制和演化机制，主要包括识别市场导向创新体系生态环境共生演化的基础条件(包括环境要素构成、生态运行规律、影响特征分析等方面)，进而分析企业创新体系的运行与演化机制，尤其是生态

主体之间的关联机制和静态/动态依存机制。因此，探究企业创新体系的构成、构建与运行机制是本书的一个关键性问题。

2. 政府与市场各自在创新体系中的角色定位与作用边界问题

政府的职能与公共经济学有着非常密切的联系，经济发展是一个从非均衡到均衡的过渡，在过渡的进程中实现质和量的提高。市场机制在微观经济领域发挥着重要的作用。价格调节着生产和消费，特别是在完全竞争市场中，价格可以实现资源的优化配置。但完全竞争市场的前提条件是苛刻的，市场机制在微观经济领域有效，在宏观经济领域可能会失灵。在整个社会经济中，政府调节的作用就十分必要。因此，必须首先厘清政府与市场各自在创新体系中的角色定位和作用边界。成功构建并健康运行企业创新体系，需要弄清传统的政府主导的创新体系中政府和市场的作用，识别企业创新体系的本质变化和要求，在此基础上明确政府和市场的作用发生何种变化，识别不同情境和条件下、不同技术领域(行业)、不同层级政府、创新链条不同阶段以及创新体系构建和运行全过程中政府的作用差异，以进一步明确政府对企业创新体系的作用和干预边界。

3. 企业创新体系中政府的作用机制与职能优化问题

结合我国创新驱动发展的时代背景和“政府与市场”双元情境，从创新全过程(全链条)的视角，探究企业创新体系中政府的作用机制及其职能优化路径，目的是保障创新生态主体活力，优化市场关系，优化政府职能配置，提高政府效能。紧密围绕企业创新体系的“多阶段、多主体、多节点”的特征，基于不同角色和作用边界的政府作用方式分析，厘清政府在企业创新体系中的作用机制，并且在动态多变的复杂环境下对其作用机制进行优化，为政府有效发挥政策制定者、创新激励者、资源协调者、产权保护者等独特作用提供详细的优化路径，以实现政府的支撑和补位作用，是本书的另一关键性问题。

4.企业创新体系制度保障与评价机制问题

基于当前中国的“政府与市场”双元情境，政府在市场导向创新体系的构建与顺利运行过程中的制度保障作用不容忽视。由于市场导向创新体系的相关政策法规与制度体系不尽完善，构建合理的市场导向创新体系的制度保障体系需要借鉴现有国内外的制度经验，在此基础上不断新建、优化和完善，最终形成更加成熟有效的一整套制度保障体系。而如何构建并完善市场导向创新体系的保障制度，有效培育中国市场导向创新体系的制度新动能，对顺利运行的体制机制进行系统优化，并对创新体系中市场与政府的绩效进行评估，提供有效激发整体创新活力的政策建议是需要探究的关键问题。

1.5.2 重点难点问题

1.如何对市场导向下创新体系的构建机制与运行规律进行科学解析是本书的重点研究问题

该问题首先建立在对市场导向创新体系的多元生态主体的角色识别和职能辨析的基础上，进而从市场导向创新体系全链条的阶段特征、多元多层级网络特征对市场导向创新体系的形成与构建机理进行全面解析，并探讨其共生机制、演化机制、运行机制。该问题的解决是后续研究市场导向创新体系中政府的作用边界与作用机制，以及设计制度保障体系的基础，因此是研究的重点问题。

2.如何基于公共经济学的分析框架揭示政府在企业创新体系中的作用边界是本书的难点问题

企业创新体系的生态环境是一个在市场基础条件具备的前提下与市场要素动态流动相匹配的动态稳定过程，这种动态关系体现在市场要素匹配的不断调整。市场由于信息不对称、公共产品、垄断、外部性等原因，会出现失灵的现象，如何弥补市场失灵的重担自然就落到了政府的身上。政府以自己特有的方式和规律与其他生态主体一起参与和影响市场导向创新体系的运行发展，在市场导向的基础上，政府的作用主要表现在提供公共服务、维护市场秩序、影响收入分配、优化资源配置、稳定宏观经济等方面。因此，基于公共经济学的分析框架，研究政府在市场导向创新体系全链条不同阶段、创新体系构建与运行全过程中的作用边界，尤其是中央政府与地方政府在企业创新体系中的作用边界以及不同市场结构下、不同技术领域下政府的作用边界，是本书的难点内容。

3. 如何真正挖掘政府在企业创新体系中的作用机制并对政府职能优化进行虚拟仿真实现是本书的难点问题

市场导向创新体系构建与运行过程中涉及的参与主体众多，每一个阶段的时间切面上均存在错综复杂的主体与利益关系，创新发展的动态变化过程使政府如何做到“有所为、有所不为”更为复杂。因此，本书拟通过多个维度综合考量基于不同角色和作用边界的政府作用方式，从政府对企业创新体系中生态主体、生态环境、全链条、全过程的作用机制等维度，设计合理的作用机制优化路径并构建模型进行虚拟仿真实现。每一个维度的研究均需要后续大量的原创性工作来支撑。

4. 如何通过制度设计保障创新体系面向市场导向良性运转是本书的重点研究问题

市场导向创新体系的构建与运行规律决定了必须有一个多层级、多阶段、全过程的制度保障体系与之相匹配，并且需要合理的政府引导和市场参与的新型联动机制。本书拟借鉴新制度经济学思想，研究市场导向创新体系中的制度保障体系建立与完善问题，以及政府引导各生态主体参与创新过程的新型联动机制问题。

第2章

国内外相关研究

2.1 创新体系研究

目前关于创新体系的研究主要包括创新体系的内涵、创新体系的类型、创新体系的构成、创新体系的子系统、创新体系的引导模式、创新体系的比较研究和创新体系的效率评价等方面。

2.1.1 创新体系的概念内涵

作为最早提出创新概念的学者，熊彼特（1990）将创新定义为引进生产要素和生产条件的“新组合”、“建立一种新的生产函数”以实现企业盈利目标的活动过程。在此基础上，他将创新分为引进新产品、引用新技术、开辟新市场、寻找新的供应来源、形成新企业五种形式。《奥斯陆手册》则将创新定义为新技术开发、生产力转化和成果扩散的全过程。尽管创新的定义不同，但是都包含了资源重新配置过程，以产生新的产品或生成新服务。

创新实践活动的发展需要创新理论的支持。在熊彼特提出创新概念之后，很多学者沿用其研究思路进一步拓展了创新的内涵和外延、内容和形式，创新理论的研究逐渐从单一领域或范畴向系统化的创新理论体系方向延伸。20 世纪 50 年代，在以索洛为代表的新古典增长理论以及以罗默为代表的新增长理论基础上，曼斯菲尔德、卡曼等提出了致力于产业发展的技术创新理论。20 世纪 80 年代，弗里曼(Freeman)和纳尔逊(Nelson)等学者运用制度经济学研究中的一般静态均衡和比较静态均衡方法分析和研究制度因素时，提出了倍受各国政府和企业重视的制度创新理论，该理论将社会制度、文化环境和国家专有因素引入技术创新中，在许多方面补充和发展了熊彼特的创新理论。之后随着管理在企业生存和发展中发挥的作用越来越突出，管理创新理论逐渐从制度创新理论中剥离开来形成单独的研究领域。20 世纪 90 年代，德鲁克提出系统化创新的观点，他认为创新不仅仅局限于技术领域，还包括服务、工作流程、生产流程、市场和渠道等，这个系统中每一个环节的创新都很重要，只有形成系统化的创新才能推动经济的发展。通过梳理创新理论的发展历程，我们不难发现创新理论的研究已经逐渐从单项研究走向系统研究，这也为创新体系的形成与发展奠定了基础。

在创新理论、技术创新理论、制度创新理论、管理创新理论以及系统化的创新理论的基础上，一套复杂庞大的创新体系逐渐形成，这套体系是对以往创新理论的融合拓展。国内创新体系的研究始于 20 世纪 90 年代中期，特别是 1998 年以后，国内在期刊上发表的关于创新体系的文章数量年均超过 1000 篇；而且创新体系也逐渐成为政府关注的重要问题，如《国家中长期科学和技术发展规划纲要(2006—2020 年)》提出构建国家创新体系的美丽蓝图。创新体系包含许多不同的研究分支，其中比较有代表性的有国家创新体系、区域创新体系、部门创新体系、技术创新体系等。

2.1.2 创新体系的类型划分

基于地理维度即空间层次，创新体系可分为国家创新体系、区域创新体系、部门创新体系三种类型。

1. 国家创新体系

近年来最为流行的，也是被许多学者所认可的是国家创新体系。丹麦学者伦德瓦尔（Lundvall，1985）融合了德国经济学家李斯特的国民经济体系和熊彼特的创新思想，首次提出了“国家创新体系”的概念，但没有给出定义。1987 年，英国经济学家弗里曼正式提出国家创新体系的含义：“国家创新体系是由公共部门和私营部门中各种机构组成的网络，这些机构的活动和相互作用促进了新技术的开发、引进、改进和扩散。”随后，Lundvall（1992）、纳尔逊和罗森伯格（Rosenberg）、梅特卡夫（Metcalfe，1995）、经济合作与发展组织（OECD，1998）、路甬祥（2002）、中国国务院、莫伊尔（Meuer，2015）、查米纳德（Chaminade）等、张志强等（2020）、方晓东等（2021）等学者和机构分别从不同的角度进一步拓展和丰富了国家创新体系的概念，如表2－1所示。李正风和张成岗研究发现决定国家创新体系的重要因素包括制度框架、历史文化和地理环境等国家专有因素，这些因素直接影响并制约着创新资源整合的方式，同时产生创新资源整合过程中的特殊问题，比如美国创新体系目前面临政府干预不力的困境，而我国的创新体系却面临市场拉动不强的问题。

表 2－1　国家创新体系概念界定

学者	国家创新体系概念界定
Freeman	在国家内部系统组织及其子系统间的相互作用下，在公、私领域内形成的一种网络制度，其目标是启发、引进、改造及扩散新技术
	提出广义和狭义两种不同理解。从广义上说，国家创新体系包括国民经济中涉及的引入和扩散新产品、新过程和新系统的所有机构；从狭义上说，国家创新体系仅包括与科学技术活动直接相关的机构

续表

学者	国家创新体系概念界定
Lundvall	国家创新体系是由一些要素及其相互联系作用构成的复合体，这些要素在生产、扩散和使用新的、经济上有用的知识的过程中相互作用，形成一个网络系统
Nelson & Rosenberg	国家创新体系由一系列制度因素组成，其相互作用决定了国家企业的创新绩效
Metcalfe	国家创新体系是一个以国家为单位的创新系统，由一群在新兴科技的发展上互相有关联的机构组织所组成，从事有关知识的创造、储存、应用与转移工作
OECD	国家创新体系由参加新技术发展和扩散的企业、大学和研究机构组成，是一个为创造、储备和转让知识、技能和新产品的相关机构
路甬祥	国家创新体系是指由科研机构、大学、企业及政府等组成的网络，它能够更加有效地提升创新能力和创新效率，使得科学技术与社会经济融为一体，协调发展
中国国务院	国家创新体系是以政府为主导、充分发挥市场配置资源的基础性作用、各类科技创新主体紧密联系和有效互动的社会系统
Meuer	国家创新体系是由一般创新体系为“核心层”和区域创新体系与部门创新体系为“表层”构成的复杂系统
Chaminade 等	国家创新体系是一个在国家层面上涵盖不同组织、机构和社会经济体内部组成，彼此之间相互关联的、开放的、复杂的且不断演变的体系
张志强等	国家创新体系是“一个由科技决策与管理主体、科技研发主体、科技平台、科技人才队伍、科技政策、科技成果转化应用体系等子体系组成的完整系统体系”
方晓东等	国家创新体系是一个由“硬要素”和“软要素”组成的且受“内生”动力和“外生”动力影响的复合型、立体式网络系统

2. 区域创新体系

区域创新体系的概念是随着对国家创新体系的研究应运而生的。Cooke 等(1998)最早提出区域创新体系的概念,他认为区域创新体系主要是由在地理上相互分工与关联的生产企业、研究机构和高等教育机构等构成的区域性组织系统。在此基础上,国内学者胡志坚等(1999)提出区域创新体系是国家创新系统的子系统,该系统主要由参与技术开发和扩散的企业、大学和研究机构所组成,并由市场中介服务组织广泛介入和政府适当参与的一个为创造、储备与转让知识、技能和新产品的相互作用的创新网络系统。Doloreux 等(2005)指出构成区域创新体系研究的单元并不固定,有些以行政区域为单位,如加拿大安大略省、魁北克省等;而有些则以商业圈为单位,如蒙特利尔的传媒产业、多伦多的电子集群、伦敦的服务业等。根据区域创新体系研究对象的不同,区域创新体系的分析框架可分为两种(毕亮亮,2011):一种是对不同区域的比较经验研究,如张璇等(2017)从区域创新体系的结构、功能和效率等三个方面建立评价指标体系,比较东部沿海六省(市)的创新能力。另一种则是对个别区域创新系统提供细节分析,如李艳萍等(2014)以中国台湾新竹科学园为对象,剖析了新竹科学园区域创新体系建设中各创新要素定位及其协同机理,分析了以企业创新主体建设为核心的新竹科学园区域创新体系形成进程,由此提出对政府科学园发展的建议。尽管现有研究已经在区域创新体系方面取得一定进展,但是由于区域创新体系的形式多样,难以准确界定其具体含义,也缺乏统一的研究范式,因此关于区域创新体系的研究仍有很大的探索空间。

3. 部门创新体系

Malerba(2002)定义部门创新体系为针对已出现或正在出现的需求,为创造和使用一组新的或已有的技术,生产和整合一系列相互联系的产品群，由不同的行为主体进行市场和非市场作用的系统。部门创新体系不受地域限制，可能包含国家、地区和全球的创新组织系统。部门创新体系主要由知识和学习过程、技术供给与需求、企业和非企业组织之间的相互作用以及制度四个要素构成。随着要素的变化，部门创新体系会呈现出演化和转型两个显著特征。演化是指部门创新体系的各构成要素的变化会带来产业的演变。而转型则是指各构成要素的不连续，可能导致相对稳定且具有垄断力的大企业被使用新技术或关注新需求的企业代替，是一个创造性破坏的过程（孔欣欣，2008）。虽然部门创新体系的研究对象局限于产业内，但是由于产业环境复杂多变，部门创新体系并不存在所谓的“普适”模式。吕铁等（2018）通过对中国高铁成功经验的研究提出产业政策和部门创新体系的有效性是随产业环境动态变化的。促使中国高铁成功的因素，其积极效应可能弱化甚至成为某些行业的负面制约。尽管目前关于部门创新体系的研究还很少，但是部门创新体系建设对于国家技术进步和经济增长有重要的意义。李健英（2015）认为部门创新体系融合了技术引进和自主创新的优点，适合作为发展中国家技术进步的主导模式。

4. 三类创新体系的区别与联系

国家创新体系与区域创新体系和部门创新体系之间存在天然的联系。区域创新体系是国家内所有区域创新体系共同特征的抽象化，可以视为国家创新体系的组成部分。不同的部门创新体系在一个更加宏观的层面共同作用在一起并限于一国之内时，便构成了国家创新体系。但是国家创新体系与区域创新体系和部门创新体系又存在明显的区别：①研究视角和范围不同。国家创新体系从国家层面出发，即站在宏观的视角探讨国家内部各要素对创新的影响，而其他理论均从中观即行业或区域的视角出发，审视某行业或区域内各要素对创新水平和绩效的影响，如区域创新体系的范围受地区的限制，而部门创新体系虽然没有国家边界限定，却局限于产业领域内。②研究内容和侧重点不同。国家创新体系偏重非企业组织和制度对创新的作用和影响，为国家制定政策服务，而其他研究分支均把企业、企业与企业之间，以及企业与其他组织之间的互动性视为主要要素，为产业和区域政策制度及企业实践服务，强调企业与其他企业以及非企业组织之间的相互作用。

2.1.3 创新体系的组成要素

弗里曼归纳出创新体系的要素包括企业、大学、科研机构、中介机构和政府。其中，企业是创新的主体；大学和科研机构是创新的源头，同时提供和培养创新人才；中介机构是沟通、推动知识流动和技术扩散的重要途径；政府创造鼓励和引导创新的政策和法律环境。中国科学院在借鉴国外对创新体系研究的成果和实际经验的基础上，提出创新体系的主要组成部分是企业(以大型企业集团和高技术企业为主)、科研机构(包括国家科研机构、地方科研机构和其他非营利科研机构)以及高等院校，还包括政府部门、其他教育培训机构、中介机构和起支撑作用的基础设施等。赵建生(2010)则进一步依据创新活动流程对创新体系的组成要素进行补充完善。他认为创新体系是由一组相对独立又功能相关的机构和部门之间相互作用而形成的开放的网络系统，其构成要素包括创新活动的行为主体，以及各行为主体间的相互作用。其中，创新活动的行为主体主要包括企业、研究机构、教育与培训机构、政府部门、中介机构，各行为主体的联系和相互作用则包含企业之间的合作、企业与研究机构的合作、中介机构与其他行为主体的合作，以及政府与其他行为主体的合作。郭淡泊等(2012)综合前人研究提出创新体系应该包含四个方面的组成要素：①创新主体，如企业、高等学校、科研机构；②创新支撑，如科技中介、金融机构、基础设施；③创新环境，如政府、文化环境、市场组织；④除此之外，最为重要的是主体之间用于互相联系组织创新活动的链接流，如资金链、技术与科学链、信息链、法律与政策链、社会链等。

2.1.4　创新体系的子系统

根据创新体系的组成要素的不同功能和作用，创新体系又可以分为六个子体系（贾华强，2010）。

1. 技术创新体系

技术创新体系是一个从系统的视角描述创新活动的概念，同时也是充分认识创新系统内各创新要素之间潜在的、复杂的交互作用的一种分析方法。技术创新体系强调过程性、系统性、综合性和创造性（Li et al.，2018）。技术创新体系包括五种情况：①产品的创新——引进新产品；②工艺的创新——引进新的生产方法、生产手段；③开辟新市场；④开发新的资源，控制原材料的供应来源；⑤组织管理的创新，实现企业新的组合形式。

2. 知识创新体系

知识创新体系是指知识生产、扩散和应用的耦合系统，其通过基础研究和应用研究发现、创造新知识，为其他创新体系提供前沿知识和创新人才，在创新体系中发挥着基础性和源头性作用（肖洪武，2008）。高校和科研机构是知识创新体系的主体，而高校作为科学研究和高等教育有机结合的天然载体，在创新活动中起着推动和领导的作用（吴洁 等，2008）。知识创新是一个发明与转化并行、研究与管理系统并重的过程，只有这样才能实现生产要素的有效组合，实现效益最大化。

3. 制度创新体系

自主创新是强国之道，而制度创新是自主创新的保证，是推动技术进步最强劲的动力（姚程，2021）。没有政府职能的转变，没有政府创造的良好的政策社会环境，国家的创新体系建设就没有基础。

4. 科技中介服务体系

科技中介服务体系，是指以科技中介机构为主体，以法律法规为依据，以推动技术转移、转化和开发为目的，通过提供技术扩散、成果转化、科技评估、创新资源配置、创新决策和管理咨询等专业化服务，在企业、科研院所、大学、金融机构和政府等创新主体之间发挥桥梁和纽带作用的科技服务体系（华冬芳 等，2019）。《国家中长期科学和技术发展规划纲要（2006—2020 年）》提出，要“建设社会化、网络化的科技中介服务体系”。

5. 金融服务体系

知识要变成资本，没有金融的参与是不可能的（德雷 等，2023）。只有知识和资本的结合，才能实现“才”和“财”的良性循环，才能促进人才创造更多的财富，同时创造的财富也能吸引更多的人才。

6. 信息网络体系

网络不仅是一种技术，更是一种组织结构。在网络经济时代，技术变迁决定新的制度环境，同时又为制度所决定，这种互为因果、交互作用的过程已经成为网络经济的明显特征（袭希 等，2020）。通过这一交互作用网络或系统，我们可以积极参与国际交流，使得创新成为国家进步的动力，促使创新体系这一自组织系统不断实现自我发展和自我完善。

2.1.5 创新体系的引导模式

从政府与市场在创新资源配置中的作用看，创新体系的引导模式可分为政府主导模式和市场导向模式两种类型。

1.政府主导模式

新中国成立初期，基于当时与西方发达国家的技术差距，中国建立了政府主导型创新体系（刘伟 等，2022）。政府通过国家科技计划拨款资助科研机构或直接下达专项任务的方式，促进国家重大科技项目与创新工程的实施，推动国家战略性技术创新；在此基础上，通过国有企业进行产品开发和商业化运营，从而快速实现国家战略。此时政府主导的创新体系呈现以下特点：政府依靠自身的行政力量对创新活动进行全面的指令性管理；各级政府制定创新决策；政府投入创新资源，并制订严格的配置计划；创新活动的执行者或组织者进行技术创新是为了完成政府任务，其利益不直接取决于他们所实现的创新成果，同时也不承担创新失败造成的风险和损失。这种政府主导型模式发挥了集中有限资源办大事的优势，通过组织大型技术攻关项目，取得了举世瞩目的成就，如“两弹一星”的成功发射、核潜艇首次试航等，对我国的国际社会地位提升发挥了重要战略作用（申晓勇，2020）。

但当国家经济发展由“赶超”阶段过渡到“创新驱动”阶段，由重点领域扩展到全面发展的时候，上述模式则会导致资源配置严重僵化，打击了创新主体的积极性，使创新活动陷入与社会发展完全脱节的矛盾之中。因此在改革开放过程中，随着计划经济体制改革引入市场机制之后，政府配置创新资源的能力开始减弱（赵晓雷，2021）。此时政府主导创新体系的特点是：政府引导而不强制配置创新资源，通过健全法律法规为创新活动提供制度保障；通过各种政策如建立创新基金、为企业研发提供补贴以及减免税收等方式引导创新活动；政府在基础性、长远性和公益性研究项目上进行资源配置以应对“市场失灵”现象。2008 年国际金融危机以来，西方经济衰退及创新能力下降，而中国以政府主导、央企为主体的创新体系，却能够聚焦国家战略目标，对基础科学与公共产品的创新作用突出，实现了尖端科技领域的重点突破，并在航天、大型计算机、高铁、核电、量子通信、基建领域取得多项重大创新成果。这说明政府主导的创新体系在国家战略性技术创新层面具有不可替代的优势。

然而随着我国财政对创新资源的投入规模不断增大，政府主导创新体系在其他产业领域渐渐失去合理性，给创新驱动战略的全面实施带来了较为严重的结构性障碍(周海涛 等,2016)。第一，政府主导的技术引进模式导致了企业技术创新能力薄弱，高技术产业发展的核心技术长期严重依赖国外引进(孙玉涛 等,2016)。第二，政府主导导致国有企业缺乏市场创新能力和创新意识(张杰,2022)。例如一些石油石化企业、移动通信企业、乘用汽车企业等，虽然保留了科研机构的科研实力，但是仍然缺乏自由市场环境下企业的技术创新和竞争能力。第三，政府主导模式使中国在监管质量、法治和政府有效性方面十分落后(Cornell University et al.,2015)。由于政府是国有企业的出资人和管理者，同时又是市场运行规则的制定者，运动员和裁判员的双重身份导致政府在资源配置过程中出现“选择性偏见”、低效率、寻租腐败等问题，比如有些国有企业可以在不创新的情况下取得垄断利润，这样不仅造成资源分配与创新绩效严重脱节，还会导致社会创新资源配置效率日渐低下(严成樑 等,2013)。

总的来说，政府主导的创新体系益处大于弊处，但需要厘清政府与市场的关系，加快建设符合我国国情的政府和市场共同发挥作用的创新体系。一方面需要继续发挥政府主导在相关领域的创新优势，同时要逐步构建市场起决定性作用的创新体系，提高自主创新能力，最终形成有利于自主创新战略的互补体系，发挥市场和政府的协同优势。

2. 市场导向模式

企业创新体系中，市场在创新资源配置中发挥基础性作用，政府负责提供公共产品，协调创新主体，以及引导和纠正市场“失灵”现象。当前阶段，虽然我国的创新体系中市场在资源配置中的作用迅速扩大，但是市场仍然没有在创新资源配置中发挥基础性作用，我国的创新体系有待于进一步加强市场的导向作用（王雪苓，2006）。

企业创新体系强调市场在资源配置中起决定性作用，强调市场对技术研发方向、路线选择、要素价格以及各类创新要素配置的导向作用。美国是典型的市场经济国家，非常重视市场配置资源的重要作用，企业应该从事何种创新活动、应该投入多少创新资源都取决于市场，而政府的角色定位是企业创新的公共服务、公共环境的提供者，政府不直接介入企业具体研发活动。这种以市场作为配置资源的基础，通过市场实现企业巨大的自组织功能的创新体系是美国保持旺盛创新能力的重要原因（杨东德 等，2013）。建设企业创新体系是我国创新体系的发展方向。《中共中央 国务院关于深化体制机制改革加快实施创新驱动发展战略的若见》（中发〔2015〕8 号）提出，“把握好技术创新的市场规律，让市场成为优化配置创新资源的主要手段，让企业成为技术创新的主体力量”。党的十九大报告也强调要“建立以企业为主体、市场为导向、产学研深度融合的技术创新体系”。加快建设创新体系的最终目的是进一步提高自主创新能力，建设世界科技强国。为了实现这一战略目标，就要遵循市场规律，在政府发挥协调管理职能的同时，充分发挥市场在资源配置中的基础性作用，因为市场竞争是推动企业技术创新的最根本力量。

总体看来，创新体系建设历程中政府对创新资源配置能力由强到弱，市场配置创新资源能力由弱到强。在我国经济社会转型时期，政府主导和市场导向的双元协同有助于加快创新体系的建设(张杰等，2018)。

2.1.6 创新体系的比较研究

有关创新体系的比较研究主要从以下两个方面进行。

1. 创新体系的横向比较研究

创新体系的横向比较研究是指同一时期不同国家的创新体系对比。早期的创新体系研究主要集中在美、英、法等富裕国家和极少数新兴工业化国家，主要是从历史、政治和文化背景角度考察国家特有的创新模式，目的在于揭示创新过程和创新要素。Drejer(2000)比较分析了 OECD 四大成员国德、英、日、美的创新体系结构及其内部产业依赖性问题，指出各国机构因素影响其产业发展以及产业之间的相互依赖性。Soo 等从政府政策和创新路径角度对韩国和法国进行了对比研究后发现政府政策范围、方法和侧重点不同导致两者的创新路径完全不同。

除了美国、日本等工业发达国家，中国、拉丁美洲国家等非工业发达国家的创新体系也逐渐受到关注。这类研究不仅关注非工业发达国家的经济发展阶段和相应的创新系统机制，还讨论了对发达国家创新体系建设实践中成功经验的借鉴。赵树宽等在比较了美国、日本、韩国和印度四大典型国家的创新体系的基础上，对我国创新体系建设提出了建议和对策。游小珺等(2014)选取美国、加拿大、英国、法国、德国、日本、韩国 7 个创新型国家高校和中国高校为研究对象，采用熵值法对高校知识创新投入水平和产出能力相关的 9 项指标进行赋权和评分，从而量化各国高校在知识创新体系中的地位差异。由于非工业发达国家的创新体系实践结果尚不可知，所以很少有研究直接探讨非工业发达国家的创新体系实践特点和绩效，而更强调通过比较为这些国家的创新体系建设提出对策。

2. 创新体系的纵向比较研究

创新体系的纵向比较研究可以从两个方面理解。一是同一国家不同历史时期的创新体系对比，通过历史对比梳理出关键的要素以对当下的创新体系建设提出建议。如薛晓光等(2018)将中国的创新体系分为起步探索期和创新体系的形成阶段，其中起步探索期包含了新中国成立前国家科研体系萌芽阶段、对外开放后国家科研体系形成阶段和两个阶段交替的阶段；并提出建议认为中国应逐步发挥产政学研用各类创新种群的全部力量推进创新体系的优化，使其快速优化形成创新生态系统。二是同一时期国家创新体系与区域创新体系、部门创新体系等概念的对比，通过不同概念之间的对比，有利于从系统角度找出各个体系之间协同发展的关键因素。Chaturvedis以印度生物制药行业的迅速发展为例，从政策制度的视角分析指出国家创新体系和部门创新体系之间存在互动关系，国家在制定创新政策的时候必须充分考虑部门创新的要求。Fromhold-Eisebith(2007)从国家创新体系、区域创新体系和国际创新体系的定义出发，揭示三者在研究范围上的重叠之处，指出三者彼此依赖形成一个系统共同作用。

2.1.7　创新体系的效率评价研究

效率是指在特定的时间范围内，一个组织或单位的各种投入与产出的比率关系。创新体系的效率则是指在给定创新资源要素投入(研发资金、人力等)情况下，通过系统内部资源的有效配置与系统运行，使创新产出达到最大化(郭淡泊 等，2012)。创新体系效率研究往往集中在考察其创新与推广的投入产出效率上。

创新体系运行绩效评价应以创新目标和所要实现的功能为导向，围绕一系列评价指标展开。袁潮清等（2013）在分析区域创新效率时提出创新体系成熟度概念，用主体发育度、创新资源富集度、创新载体建成度、创新活动活跃度、创新网络协同度五个指标衡量创新体系的效率。王海燕等（2000）把创新资源的合理配置界定为资金、知识和人力资源三要素内部构成合理以及彼此间的比例和发展水平相互协调；在此基础上，结合瑞士洛桑国际管理开发研究院设计的《国际竞争力报告》，从资金、知识和人力资源角度，共选取 23 个指标，利用数学方法处理之后即可对创新系统运行绩效进行评估。李研等（2014）认为效率评价可以从主体互动评价、投入-产出评价、系统功能评价和创新活动评价四个方面进行，并提出我国的创新体系评价可以从资源存量、资源配置能力和产出效率三个主要维度进行测量，其中资源配置能力具体从资源流动和主体互动两个方面进行评价，产出效率可以综合经济绩效和社会绩效的视角进行评价。张玉臣等（2015）综合国内外理论研究与实践成果，归纳出基于国家视角创新绩效评价的两种主要类型，即基于投入产出和系统功能结构的评价体系，通过对比不同国家创新活动绩效评价体系，发现基于创新活动视角的创新绩效评价体系能更科学地对以国家为主体的创新活动进行绩效评价。

除此之外，国内外学者通过一系列实证方法对创新体系效率进行了研究。Nasierowski 等（1999）采用结构方程从投入、产出和中间变量等多方面确定国家的创新能力，并通过聚类分析将国家分为技术领先的国家和技术进步的新兴国家，其本质就是对各国创新体系效率进行衡量。Funnan 等（2002）借鉴国家创新能力（NIC）的概念和方法，对 75 个国家的 NIC 进行调查研究，并根据结果对创新能力进行排序。Watcharasriroj 运用 DEA-Tobit 两步法研究了泰国 92 所公立非营利性医院的效率。Nasierowski 等（2003）运用数据包络分析法(DEA 法)比较了不同国家创新系统效率与研发生产能力的关系。官建成等(2005)分析了我国省级区域创新体系的效率以及创新机构资源配置情况对创新绩效的影响。池仁勇(2003)以浙江省 230 家企业为样本,用 DEA 法研究企业技术创新的效率,并考察了所有权、文化程度、技术创新方式、协调性、政府投入等因素对技术创新效率的影响。郭淡泊等(2012)通过对比 39 个国家 11 年的技术效率、经济效率和综合效率数据,发现发达国家创新体系的效率高于发展中国家。同时他发现 FDI 流入能够提高发展中国家创新体系的经济效率,贸易保护和人才流动则会降低发展中国家创新体系的技术效率。对创新体系运行绩效进行评价是为了客观反映创新资源和创新主体状况,及时发现系统运行中存在的缺陷与不足、消除系统失灵,能够进一步提升创新体系的经济绩效和社会绩效(李慧芳 等,2018)。

2.2　政府的作用边界研究

政府的作用边界实际上就是界定政府职能的范围,不同学者对政府作用边界的研究可以总结为以下这几个问题:政府要不要干预市场?在多大程度上干预市场?采取什么手段干预市场?政府与市场有没有边界?如果有边界,边界在哪?边界会不会变化?政府与市场划分的依据在哪?

2.2.1　政府与市场的关系研究

对于这些问题不同理论学派有着不同的认识。有关政府与市场关系这一命题的探索,早在资本主义生产关系萌芽时期就已经开始了。在这个时期,以代表商业资产阶级利益而形成的“重商主义”经济学说强调,只有通过国家和对外贸易垄断,才能达到积累货币资金的目的。从根本上讲,重商主义的主张,反映了商业资本家建立中央集权制国家，消除封建割据，建立市场秩序，促进海内外贸易，以便形成和巩固资本主义生产关系的强烈要求。我们可以把这个阶段称为“积极干预阶段”。之后，伴随市场的不断扩大，商业资本开始实现了向工业资本的过渡，与之相适应的是，国家“积极干预”也开始向“消极干预”方向演化。从洛克的《政府论》到这一时期的重要标志——1776 年亚当·斯密的《国富论》的出版，在这个“消极干预阶段”，自由主义的政治家们崇尚最小职能的政府，对国家的作用与政府的动机表示了高度的怀疑，并提出建立一种符合理性和自然的“自由经济”秩序，使“经济人”和“看不见的手”都能充分发挥作用。当然，即便如此，斯密也未将政府的作用完全排斥在外，而只是做了三点限制：保护社会，使之不受侵犯；保护社会上的每个人，使之不受其他人侵犯；建设并维持某些公用事业及设施。由于斯密的理论契合了时代的需要，经济的自由放任、国家的不加干预成为当时管理经济最成功的经验而被奉若神明。然而，过去的成了历史，历史的成了传奇。当资本主义到达垄断阶段后，经济现实的无情给予“自由放任主义”以沉重一击，完全的市场调节面对复杂的社会经济关系已无能为力。此情境下，庇古的《福利经济学》和凯恩斯的《就业、利息和货币通论》接连问世，干预主义的学者们提出政府不仅是社会秩序的消极保护人，还应该是社会秩序与经济生活的积极干预者。虽然凯恩斯总体上认为自由市场制度是一个有效的机制，它能保证个人自由并激发个人释放其创造性，但他承认市场本身存在缺点，只有扩大政府机能才能改正市场缺点，以保持市场经济的正常运转。凯恩斯的国家干预的思想体系从宏观经济分析的维度论证了市场缺陷的存在，从而构成了西方正统经济学的理论核心，影响了一代经济学家和政治家，史称“凯恩斯革命”。当然，这场革命也并未实现对社会发展的永远主宰，相反，随着时间的推移，20 世纪 70 年代，并发性的经济危机再次降临西方国家，且破天荒地出现了“滞胀”这一奇特的经济现象。凯恩斯主义陷入了难以自圆其说的境地。于是，一些年轻的经济学家，开始提出干预主义向自由放任主义的市场制度“回归”，从而实践了现代意义上的“政府干预”与“市场调节”的有机契合，开创了以混合经济模式推进社会经济发展的新时代。还有介于自由主义和干预主义之间的一些理论，如公共选择理论、产权理论、制度学派等，强调政府要采用经济手段来干预经济。西方政府职能是在不同理论学派的指引下，根据当时的政治经济状况，进行适度调整的。世界银行在 1997 年的《世界发展报告》中将每一个政府的核心使命概括为五项基本责任，即确定法律基础，保持一个未被破坏的政策环境，投资于基本的社会服务和社会基础设施，保护弱势群体，保护环境。

在我国，学者对于政府作用边界的研究主要围绕着政府与市场的作用界限而展开。尽管经济自由主义和国家干预主义是对立的，但在对政府作用边界问题的分析思路和理论逻辑上却基本一致，都是基于对市场与政府的估价直接导出政府的职能范围。李昌麒等(2006)从经济法的角度研究了政府和市场的作用边界，认为市场失灵是区分政府和市场作用边界的关键，市场失灵假设是政府作用、经济法产生的一个重要前提。但是，需要注意的是，由于中国“建构型”市场经济和西方“自发型”市场经济的不同，与西方发达国家源于经济集中与市场垄断的市场失灵相比，中国的市场失灵更多地表现为一种建构中的失灵，来源于计划经济的惯性，因而需要立足中国过渡型市场经济的品质和某些“模拟市场经济”的特征分析具体的市场失灵现象并据此构筑相应的政府作用边界和经济法理论框架。余东华(2004)认为政府管制和市场机制是市场经济条件下可以相互替代的调节经济活动的两种方式，随着市场条件的变化、市场结构的动态调整和管制绩效的变化，政府管制行为也应相应进行调整，市场失灵和管制失灵所界定的政府与市场的行为边界会发生动态演变，政府管制与市场机制的相互替代是一个动态调整的过程。当市场机制不能实现资源的有效配置，即出现市场失灵时，政府就通过管制以矫正和改善市场机制内在的问题，干预资源配置。同理，当政府行为不能实现资源的最佳配置，还产生了寻租、腐败等扭曲资源配置的市场现象，也就是出现管制失灵现象时，政府将放松管制。陈国辉等(2000)讨论了政府和会计市场之间的边界，认为政府监管会计市场要严格限制在市场失灵领域，政府监管会计市场应限于能够补救的市场缺陷，政府监管会计市场要遵循成本-效益原则。

除了从“政府失灵”和“市场失灵”的角度去解释政府的作用边界，国内还有很多学者尝试从其他的理论视角展开研究。如，盛洪(1992)从政府和市场的性质对政府的作用边界进行了界定。其结论是，市场交易在两两人的交易不存在直接的外部性的情况下更有效率，政府则在两两人的交易存在直接的外部性的情况下更有效率，市场与政府作用的边界位于两两人的交易与两人以上的交易之间。罗必良(2000)基于资产专用性维度，对市场、企业、政府三种组织体制形式所内含的生产费用与管理费用进行比较分析，以揭示各自的功能特征、效率边界与规模极限，并进一步通过建模计算从交易技术结构与体制组织的匹配关系上界定了市场、企业与政府的功能边界与作用范围。胡乐明(2001)基于公共选择理论，从公共物品的性质出发，认为政府是源于社会成员的共同需要而产生的一种提供公共物品的制度安排，政府的作用边界随着公共物品的扩张而不断扩张。他将公共物品分为三类：第一类是由于物品本身的技术特点而产生的公共物品；第二类是由于市场不完全而非物品或服务本身的性质所产生的公共物品；第三类是由于社会成员的“特定平均主义倾向”而非物品或市场的某些特性所产生的公共物品。同时他指出，随着时代的发展，第一类公共物品愈来愈少但与此同时第二类和第三类公共物品不断增多，因此公共物品和政府的作用边界都在不断的扩张中。王廷惠(2002)从自然垄断与政府管制的关联角度,分析了由于制度变革、技术变迁和市场扩大的共同作用,我国自然垄断的边界的变化,以及与之相应的政府管制范围和方法的变化。杜人淮(2006)根据政府与市场的作用特点和规律,把政府与市场之间的关系概括为相互替代、相互补充、完全排斥和共同失灵四种情况,并根据政府与市场之间存在的不同关系进一步分析了不同关系下两者的作用边界。徐宇珊(2010)结合理论与实践,将政府和社会的职能边界分为四类:属于政府应当履行的职能、属于社会和市场可自行解决的职能以及处于模糊地带的经济职能与社会职能。其中经济职能方面,政府与社会的边界在于履行职能的层次不同;社会职能方面,政府与市场的职能边界主要在于履行职能的方式不同。李春龙(2012)从经济效率的角度判断政府在资源配置中的行为边界,考虑结果的好坏以及成本和代价,分析政府与市场的绝对边界以及政府与市场的相对边界,并从效率的角度提出政府作用边界治理模式的建议。

2.2.2　创新体系中政府的作用边界研究

有关创新领域政府作用边界的研究,普遍强调政府对创新环境和创新体制的构建。联合国贸易与发展会议(2006)出版的《2005 年世界投资报告:跨国公司和研发国际化》中指出,在国家创新体系中,为了吸引对于研发的外国直接投资,需要处理一些政策和体制问题,政府首先要做的是,建立起一个促进创新的体制框架,特别需要对人力资源、公共研究能力、知识产权保护、竞争政策四个方面给予政策上的注意。王雪苓(2006)分析了我国转型期科技创新资源配置中"政府主导"的弱形式与"市场主导"的弱形式并存的特点,以及由此造成的国家创新资源系统的双重失效困境,结合国家创新体系理论和国家竞争优势理论对政府和市场在转型期的科技创新资源配置上的方式选择提供了新的概念框架。其中国家竞争优势理论重点强调政府需要提供一个公平有效的研究平台和支撑环境，而国家创新体系理论则认为在创新过程中政府还需要在资金、人员流动、信息获取等多方面介入。政府需要提供知识流动与协同的相应制度安排来整合创新资源，将不同主体的创新资源优化组合，形成创新过程并行化、创新资源集成化、创新主体协同化、创新活动整合化的多元主体协同模式（严锦梅 等，2022）。朱雪祎等（2007）基于市场和政府在区域技术创新体系中的不同作用机制提出了一个基于政府和市场双重作用的区域技术创新理论模型，在这一模型框架下，从研究区域技术创新各环节的“市场失灵”出发，提出政府相关区域技术创新政策的选择，确定政府的作用边界。他们将科技创新链条分为基础研究、应用研究、技术开发和市场进入四阶段，综合对各环节市场失灵现象的分析，总结了三种市场失灵情况：其一是由于创新成果的“公共品”或“准公共品”特质引起的市场失灵，应提供政府资助型政策；其二是市场风险或回报周期过长且不确定而引起的市场失灵，应提供政府引导型政策；其三是市场创新环境尚未完善或企业创新主体地位尚未形成而引起的市场失灵，应提供政府服务型政策。胡锦娟（2014）着眼于科技金融领域，强调市场的决定性作用，认为凡是市场能够解决的问题要由市场来解决，而政府的作用在于营造公平竞争的市场环境和制度环境，做好公共服务，搞好宏观调控，保持经济平稳运行。

2.2.3 市场导向下政府的作用边界研究

在党的十八届三中全会颁布了市场在资源配置中起决定性作用的重大决策后，涌现出一部分以市场导向作为背景研究政府与市场作用边界问题的学者。例如，洪银兴（2014）分析了在市场由基础性作用到决定性作用的重大转变下，为了更好地配置公共资源，政府和市场的作用边界。其中，政府的作用主要限制在市场决定不了的、市场失灵的、市场解决不了的和市场调节下企业不愿意进入的四个领域内。而市场的主要作用则是提供创新驱动，市场竞争能够提供创新的压力，技术创新也需要市场导向（朱泽钢，2022）。但市场配置的是已有资源的问题，而创新驱动还需要驱动非物质资源的创新要素，需要创造新的要素，仅仅靠市场不能完全解决创新驱动问题，因此仍需要国家推动创新驱动：一是国家实施重大科学创新计划；二是国家要对技术创新与知识创新两大创新系统进行集成；三是国家要对孵化新技术提供引导性投资；四是国家要建立激励创新的体制和机制。

2.3 创新体系中政府的作用机制研究

2.3.1 政府作用机制研究

机制（mechanism）最为初始的概念来源于拉丁语，一般被理解为物理学和机械工程学中的机械装置或机械构造，过去主要用来描述产生自然现象等方面的物理过程或物理学中的机械运动。现在“机制”的定义被进一步扩展，指由多个结构部分或变量组成，遵循一定方式对作用对象运行产生影响，并随时间发生变化的相互联动过程及其运行体系。目前，“机制”一词已经被广泛地应用于生理学、心理学、哲学、经济学和管理学等众多学科中，如生理学中的生理机制、心理学中的心理机制、哲学中的机械论以及经济学和管理学中的作用机制等一系列专门术语。

经济学和管理学范畴下的“机制”一词，相较于其传统含义有着显著的差异，很多学者在研究中提出了不同的见解。不同于物理学、生理学中对化学物理规律或者复杂系统功能的表征，经济学和管理学所指的机制是制度与方法的有机结合或者制度化的方法（陈洪涛，2009）。具体而言，机制是由多个制度和方法组成，遵循一定方式对作用对象产生影响,并随时间发生变化的相互联动的内在逻辑过程及其运行体系(陈洪涛 等,2009);或是基于一定方式使作用对象能够正常运行和发挥预期功能的运行体系(韩立民 等,2013)。

以此类推,广义的政府作用机制是指一个国家或者城市在一定时期内政策和制度的总体构成,通过一定方式对作用对象(创新体系等)的运行产生影响,并随时间发生变化的相互联动的内在逻辑过程,是由目标、基本结构以及连接两者的逻辑关系所共同构成的一个综合性系统(陈洪涛,2009)。当然,学者们在不同情境下对政府作用机制的理解依旧多种多样,例如狭义地认为政府作用机制就是一种对指定对象的实现机制(李光德,2012);或者在此基础上认为其是指在一定时期内政府通过政策和制度对作用对象运行产生影响的过程,并随着对象的运行状况改变自身的作用行为(韩立民 等,2013);抑或认为政府作用机制是指政府在特定对象的发展过程中发挥自身作用的整个内在逻辑过程(王凯霞 等,2015)。但无论是何种理解,政府作用机制的本质都是政府一系列具体机制的有机结合,能够依据公共服务、制度制定、市场监管和经济调节等政府功能予以分类(杨国光,2013;吴贵生 等,2002),例如公共服务平台支撑机制、人力资源保障机制、市场环境规范机制和资源集聚机制等(胡宪君 等,2013)。政府从不同层面上对行为对象实行引导监督和服务管理,而行为对象的发展能够反作用于政府作用机制,促使政府行为的调整与转换,保障政府作用机制适应行为对象的发展要求(韩立民 等,2013)。

2.3.2 创新体系中政府的作用机制及其类型研究

在对政府作用机制进行初步分析之后,以其概念为核心,结合创新体系的相关研究,很容易推导出创新体系的政府作用机制。创新体系的政府作用机制是指中央或者地方政府在一定时期内政策和制度的总体构成,通过一定方式对创新体系的构建、运行产生影响,并随时间发生变化的相互联动的内在逻辑过程，是由目标、基本结构以及连接两者的逻辑关系所共同构成的一个综合性系统（陈洪涛，2009）。对应而言，目标就是推动创新体系的构建与发展；基本结构就是政府制定的政策及制度的总和；而逻辑则是一种抽象的“关联”，是指依存于基本结构，并将基本结构与特定目标连接起来的因果性关联。如果用问题的形式来表述，那么对政府作用机制的探究就相当于解答关于创新体系构建与发展过程中政府作用的三个基本问题：作用的目标是什么？作用的基本内容是什么？基本内容与目标之间的关系是什么？

另有研究认为，创新体系的政府作用机制，就是指政府系统内部包括中央政府、地方政府等各个要素或部分，对不同创新体系施加的不同作用力，同时囊括这些作用力之间相互作用与传导的过程及规律（宋炳林，2013）。各级政府所施加的作用力，具有矢量性特征，既有稳定的来源，也有具体的表现形式，能够通过一定的载体或媒介影响创新体系的构建与运行，而政府作用机制则是在此基础上，各种作用力相互影响并按照规则有机合成的成果。这两种较为通行的说法具有各自的理论基础与解释逻辑，能够从不同方面解释创新体系的政府作用机制。

由于创新体系会随着体系主导的不同产生差异，那么对应的政府作用机制也会存在差异，并依据在作用机制中的主导程度予以区分（李光德，2012；郑雪英，2007）。具体而言：

一是完全政府主导型作用机制。完全政府主导型作用机制，面向发生在国家范围内的创新体系的构建与运行，体现了较强的国家意志（王清 等，2023）。政府通过这种机制快速实现有针对性、目的性创新体系的构建、布局与运行，政府会更多地考虑战略或政治因素，经济因素处于次要地位。一般而言，这种机制所构建的创新体系以政府主导为主。在日益成熟的市场经济条件下，这种模式的政府作用机制的使用愈发下降，通常集中于国防、航天航空等重大科技项目的创新研发之上。

二是市场驱动、政府引导型作用机制。创新体系的市场驱动、政府引导型作用机制，架构于市场机制和政府机制两种机制之上，是两种机制的有机结合。这种创新体系下的政府作用机制，更偏向于综合市场信息，从而引导创新体系的构建与运行。市场机制是基础性机制，能够触发资源流动、信息交流，进而促进创新活动的形成，也为创新体系的生成与发展奠定了基础；在此基础上，政府再行介入创新体系中，与市场机制形成合力，影响创新体系的内部作用，在一定程度上主导体系构建与发展的速度和路径。这种政府作用机制对政府的识别能力提出了很高的要求，倘若对市场情况判断错误，那么此种类型的引导仍将带有很大的政府意志性。在此情境下，该机制的干预时机、影响程度、推进效果与引导方式将成为创新体系成功构建与运行的关键。这种综合性的政府作用机制依旧是政府主导，方式仍较为直接，采用引领创新方向、直接资助、政府采购等方式，同时综合性考虑了市场提供的信息，市场更偏向于扮演辅助角色（姜军 等，2004）。

三是市场主导、政府调控型作用机制。创新体系的市场主导、政府调控型作用机制，仍旧架构于市场机制和政府机制两种机制之上，但这种政府作用机制相较于前两种更为缓和，政府的作用居于次要地位。其中，市场机制既是基础性作用机制，又是主导性作用机制；对应的政府机制则注重调控效果，主要是改善外部制度环境，调整政策环境，纠正市场失灵，起到调节和监督作用，构成创新体系外部的推动力量，其目标是增加体系运行动力，引导创新体系的顺利构建，保障创新体系的稳定运行，同时不改变市场机制作用下创新体系形成的构建路径（姜军 等，2004）。这种类型的政府作用机制在纠正“市场失灵”的同时，也在最大程度上避免市场驱动、政府引导型作用机制可能带来的“政府失灵”。政府选择最小介入的机制将最大程度地发挥市场机制配置资源的作用,采用较为“温和”的手段对创新体系的整体及各成员予以调控,更利于市场导向创新体系的顺利构建与稳定运行(盛泽宇 等,2022)。

2.4 创新体系中政府作用机制的优化研究

2.4.1 创新体系中政府作用机制优化路径研究

创新体系是一个复杂的生态系统,自身的动态演进与外部环境的变化都会促使原先政府作用机制出现问题,根据政府作用机制运行情况对机制进行客观的评估,对有缺陷或因工作条件和任务等的变化而需要改进的机制,及时进行调整、补充或重建,才能保证创新体系顺利、高效地运行。现有创新体系中政府作用机制优化研究主要从以下两个角度分析。

1.传统创新体系中政府作用机制优化

蒋选等(2015)通过构建创新政策的传导路径模型框架,分别从创新行为主体培育、创新行为主体能力建设和创新环境优化三个方面研究了政府创新政策的作用机制完善问题。在创新主体培育上,政策的功能定位是创新动力激发;在创新主体能力建设上,政策的功能定位是创新资源供给和创新网络建设;在创新环境优化上,政策的功能定位为基础设施配套和创新制度保障。余华等(2015)指出支持产学研协同创新的法律制度、组织协调机制、信息沟通机制、激励约束机制、投融资机制尚不健全,并认为需要从创新主体信任评审、协同组织内部管理、创新运行互动协调、协同创新投融资等机制和协同创新外部环境进行优化。王瑞丹(2004)提出了科技成果转化的政策性机制优化涉及调整税收政策、促成高校与企业建立有效的连接机制、调整现行人力资源政策以及建立国家、地方、企业和高校共担的风险投资机制。

2. 市场导向下创新体系中政府作用机制优化

周海涛等(2016)基于广东省改革的实践,按照"市场需求—能力供给—环境制度"结构框架,提出从"需求面""供给面""环境面"三方面进行优化。第一,以引导性为原则,完善需求面政策,如建立创新产品与服务远期约定政府购买制度以及促进科技和金融紧密结合;第二,以普惠性为原则,细化供给面政策,如推行企业研发准备金制度、创新券补助政策、扶持新型研发机构发展政策以及完善高层次创新人才政策;第三,以松绑性为原则,优化环境面政策,如实施科技业务管理"阳光再造"行动、完善知识产权保护制度与营造企业创新法制环境。刘迎(2014)从三个方面提出以企业为主体、市场为导向的创新体系的优化建议:一是推进制度创新,优化政府科技行为,政府通过为企业和科研机构创造合作环境的方式,促进以企业为主体、市场为导向的产学研为一体的创新体系建设;二是战略引进创新,提升产业技术水平;三是加快要素移聚,增强企业创新能力,通过加强企业为主体的创新要素汇聚平台建设,加快吸引外部的创新要素参与到企业的创新活动。

2.4.2 创新体系中政府作用机制优化方法研究

创新生态系统属于一类高阶次、多重反馈回路、高度非线性的复杂大系统(Ustinova et al.,2022),政府作用机制优化方案很难在这一真实的系统上进行实验,为了更好地认识系统的行为规律,对政府作用于系统的机制和方式实施控制与优化,需要利用系统优化方法对再设计的作用机制进行模拟与实验,从而保证政府作用机制优化的可行性和最优性。现有关于系统优化的研究主要采用以下两种方法。

1. 系统动力学方法

系统动力学自创立以来，其理论、方法和工具不断完善，在处理经济、生态、环境、管理等诸多社会经济问题中发挥了重要作用（钟永光 等，2009；王其潘，1994；Gejo-García et al.，2022）。综合系统论、控制论、信息论等，并与经济学交叉，能够做出长期的、动态的、战略性的分析与研究（胡玉奎，1988）。国内相关研究涉及两个重要方面：①应用系统动力学进行政策管理研究，对系统未来的行为进行动态仿真，得到系统未来发展的趋势和方向，并对此提出相应的管理方法和措施，使管理决策更加科学和行之有效。从现有文献看，此方面的应用研究体现在企业管理（张力菠 等，2005）、体制改革管理（陈杨 等，2010）和技术传播管理（黄志坚 等，2007）等方面。②应用系统动力学进行优化与控制研究。由于影响系统运行和发展的因素众多、复杂多变，系统动力学从动态的角度出发，构建系统模型，展示和把握系统变化发展的规律，进而对系统进行优化和控制，这也是应用系统动力学研究的最终目的（陈国卫 等，2012）。例如，王其藩等（2004）运用系统动力学观点对社会经济系统的政策作用机制与优化进行了研究；马捷等基于系统动力学研究了社会网络信息生态链运行机制与优化策略。

2. 遗传算法

为了能够实现系统动力学的结构优化，有学者将遗传算法用于系统动力学模型的优化问题。如林文浩（2002）认为，遗传算法自适应寻优的智能特征和并行搜索的高速性能够保证参数估计的效率和质量。遗传算法是模拟自然界生物进化过程与机制求解极值问题的一类自组织、自适应人工智能技术（张文修 等，2003），其是模拟自然界遗传机制和生物进化论而形成的一种过程搜索最优解的算法。由于遗传算法求解复杂优化问题的巨大潜力及其在工业、经济管理、交通运输、工业设计等不同领域的成功运用(玄光男 等,2000),这一方法逐渐受到了国内外学者的广泛关注。例如,周杰等(2016)利用遗传算法对参与式感知激励机制优化问题进行了研究,仿真结果证实了遗传算法的有效性和优越性;杨靓(2013)基于遗传算法探讨了创新竞赛机制的优化。考虑到其在管理科学和社会科学等领域的成功应用,可利用该算法解决创新体系这类复杂的非线性和多维空间寻优问题。

第3章

企业创新体系的生态主体构成与共生演化机制

本章旨在通过对企业创新体系的全方面研究，总结国内创新体系现状格局和国外创新体系先进经验，识别企业创新体系的环境构成、阶段划分、生态主体的功能定位及其网络式结构，分析企业创新体系的构建、运行与演化全过程，打开企业创新体系的“过程黑箱”，揭示市场导向创新体系的结构特征和过程特征，以便全面和系统地了解企业创新体系，为后续分析企业创新体系中政府作用奠定基础。

3.1 研究思路

企业创新体系不同于政府主导的创新体系，具有自组织和自演化的功能，对各主体间的协同配合要求较高，各个主体间的关系错综复杂，涉及多个阶段，导致创新体系构建必然是长期的、复杂的系统工程，呈现一定的生态系统的特征。企业创新体系涉及多元化的生态主体，包括政府、高校、科研院所、企业、中介机构、金融机构等，并且同一层级的生态主体还具有群体性和跨区域性两个显著特点。因此多元生态主体在企业创新体系中的角色定位和动力是整个创新体系生态系统良性发展的基础。通过企业创新体系的“基础研究”“应用研究”“试验开发”“商业化”四个阶段，探究企业创新体系的生态结构与构成；根据“多主体、过程性和动态演化”的系统论视角，分析市场导向创新体系的形成与构建机理；结合生态系统的特征，以保障企业创新体系的顺利运行为目标，构建企业创新体系的共生演化机制。

如图 3－1 所示，在基础研究阶段，政府提供政策、资金引导和财政资金，支持基础研究、前沿技术研究、社会公益性技术研究；推进关键共性技术创新和系统集成，实现技术跨越式发展；鼓励科技创新，在关键领域和若干科技发展前沿掌握核心技术和拥有一批自主知识

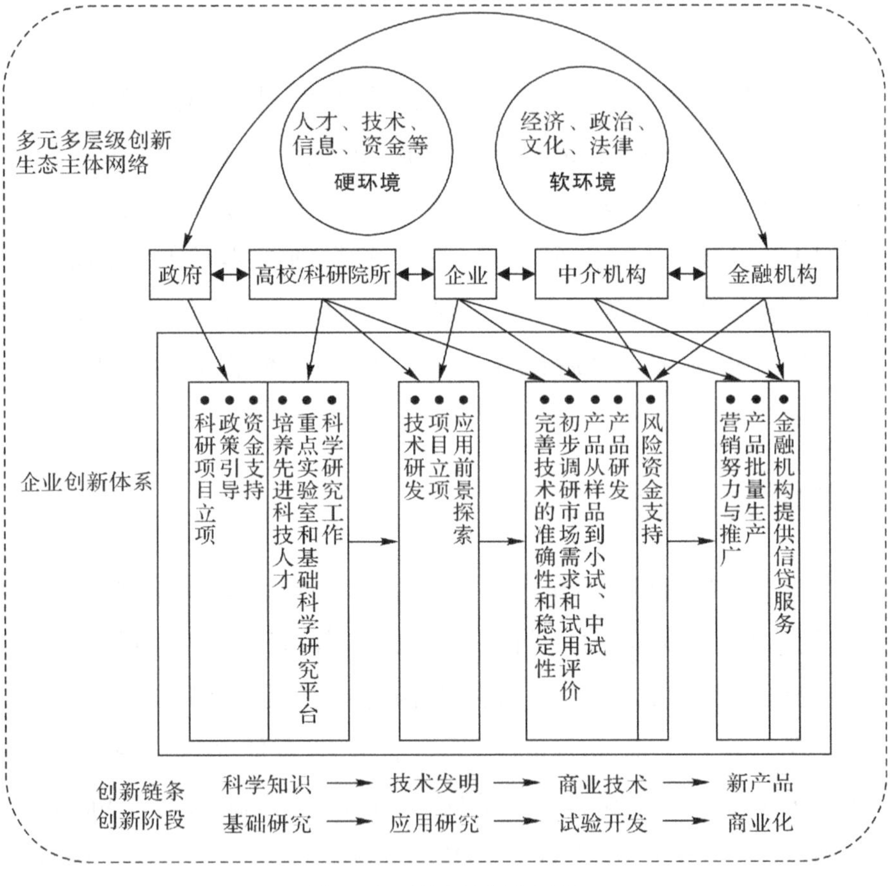

图 3－1 第 3 章研究思路

产权。高校/科研院所在市场需求的牵引下，积极探索先进科学领域和关键科学技术，成立重点实验室和基础科学研究平台，攻坚突破性技术难题和前瞻性技术研究，培育顶尖技术研究人员和世界水平创新团队，为基础研究阶段的技术研发和搭建开发团队形成供给侧。

在应用研究阶段，通过中介机构的对接，高校/科研院所与企业建立有效的沟通机制，在研究项目立项时需要注重研究成果的应用前景，充分考虑市场需求；对基础研究成果进一步开发，基于反馈信息对技术进行调整，明确其实际应用前景和用途，并探寻达到应用目标的具体方法和技术途径。

在试验开发阶段，高校/科研院所对接承接企业，以开发适合市场需求的技术和产品为目标，结合现有知识和技术，利用基础研究和应用研究的成果，产生新的产品、材料和装置，建立新的工艺、系统和服务；对已经产生和建立的上述各项进行实质性测试和改进，根据市场反馈不断优化，完善研发技术的准确性和稳定性。同时，通过科技中介机构引入外部风险资金，以支持新产品的研发测试。

在商业化阶段，由企业独立生产制造、营销推广或联合其他商业伙伴进行生产/营销外包实现新产品的批量生产和市场推广，确保创新成果能够适应市场的要求；同时，企业通过科技中介机构间接或直接获取金融机构的信贷支持，完成产品的进一步推广。企业最终实现两个目标：一是要使产品能够获得较好的市场反响，为企业赢得较高的利润；二是要使技术能够显著提升企业相关产品的品质或服务质量，增强企业的核心竞争能力，实现良好的商业效应。

综合企业创新体系四个阶段的活动特征和要求，依据研究目标选取以下四个关键问题作为本章的主要研究问题：第一，梳理我国创新体系实践与研究的现状格局以及国外创新体系的先进经验；第二，分析企业创新体系各阶段的生态环境构成，识别企业创新体系的生态主体构成与功能定位，同时基于市场导向的原则，从制度逻辑、社会网络理论的视角构建多元生态主体的多层级网络框架;第三,识别影响企业创新体系形成的多层面驱动因素和约束条件,在此基础上搞清市场导向创新体系的形成与构建机理;第四,从共生机制和演化机制两个方面,识别并探究企业创新体系的共生演化机制,凝练共生演化机制所具有的特征,同时综合以上两方面的研究,分析创新体系的运行机制,总结对应的运行特征,从而为保障企业创新体系的顺利运行提供理论参考。

3.2 研究方法

首先,梳理国内外现有的文献资料,通过对企业创新体系中的代表性创新主体的实际调研访谈,总结我国企业创新体系的现状格局与国外经验。其次,采用案例研究、实地调研和扎根的方法,根据创新活动的信息、资金、人才、技术微观要素需求和经济、政治、文化、法律宏观环境要求明确创新体系全链条各阶段的生态环境构成,描绘出多元生态主体参与创新体系各阶段的全景职能图。再次,利用数学模型和访谈调研等研究方法,构建多元多层级的生态主体网络模型,并识别网络结构的特征,研究企业创新体系基于多元多层级网络结构的生态主体交互机制。最后,在此基础上,使用扎根理论收集并筛选与企业创新体系相关的文字、数据资料进行深入的归纳分析,进而提炼企业创新体系的构建原则、共生动力和演化规律;选取企业创新体系的典型案例,通过深度访谈、直接观察及档案调阅等方式搜集资料,进行多案例对比分析,明确企业创新体系的构建路径;借助仿真实验的模拟,明晰创新体系构成因子之间的关系,检验创新体系的运行效果,逐步形成完整的企业创新体系研究框架,最终得到有关企业创新体系的理论认知与机制构成。

3.3 企业创新体系的现状格局与国外经验

创新体系构建涉及多元化生态主体，是一个错综复杂的系统工程，具体体现为：在不同的创新阶段，需要不同的生态主体参与和不同的要素投入，任何生态主体或要素投入出现问题，都可能导致整个创新的失败。目前，我国创新能力仍有待提升，大量的有价值的研究成果变成了无价值的知识沉淀，造成我国科技创新资源的巨大浪费。主要原因有：第一，市场经济的运作机制尚未真正形成，极大地削弱了供给侧高校和科研院所开发人员的积极性；第二，成熟度不够，特别是产品化的关键环节容易出现问题，缺乏后续资金支持；第三，企业创新主体地位未得到确立和巩固，创新能力和创新成果转化为现实生产力的能力受到极大限制；第四，创新体系发育不健全，科技中介机构的功能未能得到有效发挥等。因此，有必要通过对现有文献进行全面梳理和深入研究，摸清我国创新体系的现状格局，弄清关键制约因素，为后续研究提供现实基础。同时，对比国内与国外创新体系的差异，总结国外创新体系的经验与教训，为我国企业创新体系的构建和运行提供借鉴。

3.3.1 国内创新体系的现状格局

我国创新体系中政府主导和市场导向的力量正呈现出此消彼长的变化。创新主体之间的互动、创新资源的集聚以及创新活动的激励不仅需要政策引导，更需要以市场化为导向的服务体系与相应的机制设计。政府作为创新的推动方，不仅需要制定各项促进政策，更需要站在超脱于政府和市场关系的全局性立场，系统全面地设计创新体系与内在机制。

1. 政府主导的创新体系

受计划经济体制的影响，一直以来我国的科技资源大都由行政科技体制机制支配，我国政府在创新体系的构建和运行过程中具有主导地位。政府通过行政手段对创新资源进行配置，推动创新主体间形成产学研合作关系，力求结合产业当下发展的共性问题和未来发展的制约问题，集中最为优势的创新资源，在科学研究领域对产业问题取得重大突破，引领产业技术发展。随着改革开放和市场经济的深入发展，我国创新体系在政府主导下增加了部分市场导向的成分，即以产品市场化为目标研究产业关键技术问题，以建立科技产权交易市场为手段，推动创新成果的市场化运作。但仅有科技市场，并不等于企业创新体系的建立，目前的科技市场并没有成为引导创新要素向企业集聚，并服务、支持企业创新的主要平台。

2. 企业创新体系

企业创新体系强调以“市场为导向”，一方面指科技活动、创新成果必须面向市场，充分考虑市场需求，更为重视技术在不同领域内的应用和基于反馈信息对技术的调整；另一方面指创新资源要靠市场配置，创新活动要靠市场激励。高校创新组织中的大学科技园提供人员、技术和资金，国家技术转移中心提供技术成果，产业创新组织中的产业主导企业和非主导企业共同提供资金、人员、技术需求，产业技术创新战略联盟及产业技术协会提供推广需求，创新主体间具有相互促进的良性关系。强调市场导向，并不意味着政府完全“无所为”，政府在创新职能中的定位由主导转为引导和支持创新要素向企业集聚，强化企业的创新主体地位，促进科技成果向现实生产力转化，并对市场的失灵进行补位，让市场需求拉力和政府推力共同发挥作用。

3.3.2 创新体系的国外经验总结与借鉴

基于现有文献和相关资料分析，国外创新能力较强的国家有着共同的特点，即政府高度重视科学技术和创新战略在国家发展战略中的作用。因此，深入研究这些国家在创新体系建设方面的经验和特点，对比和总结不同背景国家的创新体系在表现形式、特点及效应方面的差异性与多元化，对于中国构建自己的创新体系具有十分重要的现实借鉴意义。

1. 美国市场调节的创新体系

美国早在20世纪初就已经认识到科学创新的重要作用，并逐步建立起以政府、高校、企业、非营利科研机构为四大主体，不同创新主体之间相互合作与竞争的高效创新生态系统，即各具特色、相互联系、相互影响、相互促进的创新体系(Fatma,2018)。除科研和创新主体具有多元化特点外，美国的创新体系相当开放，具体包括科研人员、科研设备以及科研成果和信息的开放；重视创新的基础性投资，建设世界领先的物质基础设施；促进以市场为基础的创新，通过简化税收程序和税收减免以加速企业创新；注重知识产权保护，促进独创性投资；进行相关领域的投资和政策制定，实现重点领域的技术和创新突破。

2. 德国官产学研一体化的创新体系

德国是世界上领先的创新型国家。深入研究德国以政治联邦制和市场经济为基础的科技创新体制，以及政府、企业、高等院校和高校外研究机构构成的官、产、学、研创新体系(陈劲 等,2018)，借鉴德国联邦政府在其科技创新职能上的定位、企业作为科技创新主体的激发、科技中介机构建设等方面的做法对实现科技成果产业化的影响，为提升我国整体创新能力和激发创新动力提供借鉴。

3. 以色列独具特色的创新体系

享有“创新国度”美誉的以色列呈现出创新驱动型经济体的要素与特征。经过半个多世纪的建设和发展，其创新体系更趋成熟和完善，在创新型国家建立的过程中积累了很多成功的经验，如加大研发投入、完善政策法规、推行引智计划、增强企业创新活力、创建高校产业园区、营造创新文化氛围等，都对当下中国创新驱动发展战略的实施和创新体系的构建具有重要的借鉴作用(徐剑波 等，2019)。

本书收集并整理国外创新表现较为突出的国家在创新体系构建方面的成功经验，如美国、德国、以色列等创新体系较为完善的国家，采用事件、案例以及质性研究等研究方法，凝练创新体系方面的国外先进经验，尤其是以市场为导向的创新体系建设成功经验，挖掘政府和市场各自在创新体系中发挥作用的关键要素和作用机理。

3.4 企业创新体系的生态主体构成

相较于政府主导，企业创新体系中商业活动和创新成果面向市场，创新资源依靠市场配置，创新活动由市场激励，各个主体相互依存，共生演化(刘静华 等，2019)。一方面，企业创新体系的自组织和自演化的特征，使其在一定程度上具有生态系统的特点；另一方面，由于政府主导力量的减弱，政府的角色产生变化，相应地，企业创新体系中其他各主体的角色也发生了转变。此外，根据创新活动的阶段性特征，企业创新体系也体现一定的阶段性。因此，本部分重点识别企业创新体系的生态结构与构成，凝练企业创新体系的阶段性特征，并在此基础上分析各个主体的角色变迁与功能转变，最后总结得到企业创新体系生态主体的本质特征。

3.4.1 企业创新体系全链条的阶段性特征

根据企业创新过程从基础研究到最终推向市场商业化整个创新链条实际的转化活动，我们将企业创新体系分为“基础研究”“应用研究”“试验开发”“商业化”四个阶段，分别对应创新链条的“科学知识”

“技术发明”“商业技术”“新产品”。在基础研究阶段，由于需要大量的科学知识，宏观环境上由政府提供资金支持、政策引导和科研项目立项，微观要素上由高校及科研院所提供重点实验室和基础科学研究平台并培养先进科技人才；在应用研究阶段，由于这一阶段是探索性的并要为进一步开发活动进行相关准备，由高校/科研院所和企业进行应用前景探索、项目立项和技术研发，最终得到技术发明；在试验开发阶段，这一阶段已完成研发阶段的工作，在很大程度上具备了形成一项新产品的基本条件，这项新产品在推广之前需要高校/科研院所和企业进行样品测试、调研市场需求以及完善技术的准确性和稳定性，并且这项商业技术会得到中介机构和金融机构的风险资金支持；在商业化阶段，企业需要批量生产新产品，并努力营销与推广，而金融机构为企业提供信贷服务。提取不同阶段创新体系的特色和表现的具体差异，依据实际创新链条各环节的信息、资金、人才、技术微观要素需求和经济、政治、文化、法律宏观环境要求等指标，明确各阶段创新体系的生态环境构成，提取各指标要素的标准并与具体的阶段相对应。

3.4.2　企业创新体系生态主体的特点

在企业创新体系的细分阶段，应辨析创新环节活动中的参与方（包括政府、高校、科研院所、企业、科技中介机构和金融机构等）在企业创新体系中呈现的异质性差异。政府作为关键生态主体，其目的是推动和支持企业创新，促进经济增长和社会发展。政府作为政策制定者和监管者，通常是在规划制定的阶段如基础研究阶段参与企业创新。由于政府注重的是全社会的经济发展，关注整个创新体系的发展，通常通过政策及资金等方式支持各方共享收益。高校及科研院所的目的是通过科研与技术创新来推动学术进步与科技发展，通常在创新的早期阶段如基础研究和应用研究阶段参与企业创新，它们通常提供高水平的科研人才和研究设施，将科研成果转化为商业化应用来与企业合作，并通过专利、科研项目、合作研发等方式分配收益。企业作为创新体系中的生态主体，其参与目的是通过创新来提高竞争力和市场份额，实现企业发展和盈利增长。企业通常在应用研究、试验开发和商业化阶段参与创新，而企业的风险承受力、技术水平和资金供给水平会因企业规模和行业特点而有所差异。科技中介机构的参与目的是连接政府、高校、科研院所和企业，促进技术交流和转移。它们通常提供技术咨询、技术转移和技术对接服务，并且通常在创新阶段的中后期如试验开发和商业化阶段参与企业创新。金融机构作为创新体系中的生态主体，其目的是为企业提供资金支持，降低创新风险，促进创新活动的实施。金融机构通常通过提供融资和投资服务来支持创新发展，科技中介机构和金融机构通常通过收取服务费用及利息收益等获得收益分配。研究中要厘清每个生态主体的参与目的、参与时机偏好、风险承受力、技术水平、资金供给水平以及收益分配方式偏好等，凝练不同生态主体在市场导向环境中的差异性。

3.4.3 企业创新体系生态主体的角色识别

在识别企业创新体系生态主体的差异性及其在市场导向环境中的地位的基础上，识别创新体系全链条各阶段关键参与主体的角色功能。例如，在基础研究阶段，政府作为关键生态主体，提供政策引导和资金支持，为基础研究构建良好的资金供给生态环境；在应用研究阶段，高校和科研院所作为关键参与主体，进行项目立项和技术研发，为应用研究的顺利进行提供技术条件；在试验开发和商业化阶段，企业作为关键参与主体，进行样品测试及调研市场需求和试用评价，确保新产品的批量生产和市场推广，使创新成果能够适应市场的需求。最终，提出企业创新体系中多元生态主体共同参与的全景职能图。

3.4.4　企业创新体系生态主体的多元多层级网络特征

针对企业创新体系的复杂性，我们需要从社会网络理论的视角构建基于多元生态主体的多层级网络框架，提高创新体系中各主体相互协调的效率。

首先，企业创新体系涉及多元化的生态主体，包括政府、高校、科研院所、企业、中介机构、金融机构等，并且同一层级的生态主体还具有群体性和跨区域两个显著特点。因此我们需要进行多元多层级网络结构的设计，以优化各生态主体的协同创新过程。

其次，在企业创新体系的全链条多元多层级网络结构中，我们要厘清不同转化阶段的核心节点与边缘节点。在基础研究阶段，政府部门是核心节点而中介机构是边缘节点，政府在这个阶段起到引导和支持的作用；在应用研究阶段，高校和科研院所通常是核心节点而企业是边缘节点，高校和科研院所在这个阶段负责研究和开发技术成果，并与企业合作推动技术的转化；在试验开发阶段，企业通常是核心节点而高校和科研院所是边缘节点，企业在此阶段负责开展试验，为产品商业化做准备，高校和科研院所则为企业提供技术支持；在商业化阶段，企业仍是核心节点而金融机构是边缘节点，在此阶段企业负责产品推广和商业化，将技术成果转化为商业价值，而金融机构通过融资和投资支持帮助企业进行产品的规模化生产和市场推广。从不同阶段可以看出，核心节点至少包含以下特征之一：技术和研究能力强，拥有专业的科研团队和先进的研究设施；在相关领域有丰富的知识和经验，能够提供科学化的指导；拥有雄厚的资金实力，能够提供充足的资金支持；与其他生态主体有稳定和密切的合作关系，形成紧密的创新网络。只有具备这几个特征，核心节点才能对整个网络结构进行资源配置和协调、技术引导和推动、政策制定和支持。在整个网络结构中，各生态主体间既相互依存又相互制约，核心节点的特征和影响力会随着时间的推移而变化，它们需要不断引进新的技术和人才，适应新的需求和挑战，并不断调整研究方向和资源配置。随着相关政策和机制的完善，核心节点与边缘节点之间的协同创新得到促进，能实现更好的创新效果和资源利用。

3.5 企业创新体系的形成与构建机理

本部分针对市场导向创新体系的多层面影响因素及其驱动机制和约束条件展开分析，以揭示市场导向创新体系的形成与构建机理。基于"多主体、过程性和动态演化"的系统论视角，从宏观、中观和微观等多个层面出发，全面梳理并有效识别市场导向创新体系各阶段、各层级以及整个创新链条的驱动因素和约束条件，并进一步分析市场导向创新体系的伙伴选择机制和形成决策机制，以揭示其形成与构建机理。

3.5.1 企业创新体系的多层面影响因素识别

1. 宏观层面

将主要采用制度理论和文化观，探讨宏观层面的国家制度变迁、区域制度差异、政府干预、政府政策支持以及国家文化等制度与文化要素对市场导向创新体系产生与形成决策的多重影响。

2. 中观层面

将主要采用产业组织理论和社会网络理论，探讨市场结构、市场行为等产业因素以及市场导向创新体系中各生态主体的社会网络，对市场导向创新体系的多元多层级网络结构产生与形成决策的影响。

3. 微观层面

将从组织内部要素出发，采用资源观和动态能力视角，应用资源拼凑理论、资源编排理论、动态能力理论等理论，探讨市场导向创新体系的各生态参与主体的自身组织特性对其市场导向创新体系产生与形成决策的影响。

3.5.2　企业创新体系的形成与构建决策

根据上一部分的多层面影响因素识别，进一步研究这些影响因素的作用机制，包括积极的驱动机制和消极的约束条件分析，从而为企业创新体系的构建决策提供依据。

1. 驱动机制

市场导向创新体系的产生与形成有多方面的驱动力（丁刚 等，2019）。本部分研究提取政府、高校、科研院所、金融机构、企业和中介机构作为企业创新体系中的关键生态主体，并从职能角度出发，认为企业创新体系下创新过程中的参与主体本质上是承载不同服务类别的服务主体，因而需要对不同驱动源及其作用机制进行深入分析。对于创新体系各个阶段之间的节点变换，则需要创新体系的各个参与主体共同努力来实现，也需要综合考虑宏观、中观和微观层面的驱动因素，将各阶段、各主体的利益凝聚起来，共同推动市场导向创新体系的不断演进。如政府在宏观层面制定法律、政策和规定，创造有利于创新的环境；而高校和科研院所致力于基础研究和应用研究，为新知识的产生和技术发展提供条件；企业受市场竞争、追求利润增长、获取竞争优势等因素驱动而进行创新；中介机构和金融机构通过提供融资支持帮助企业实施创新项目。

2. 约束条件

在各个层面的影响因素中，一些因素会促进市场导向创新体系构建（驱动因素），但另一些因素则会约束甚至阻碍市场导向创新体系的形成（约束条件）。对于整个创新体系，政府可以为创新体系的构建提供许多帮助，但是政府这只“看得见的手”若过度干预或者干预不当，也会阻碍市场导向创新体系的形成；而高校和科研院所可能受预算、资源分配及研究方向的限制，而影响创新的广度和深度；企业可能受限于预算、资源和组织文化，这些因素可能限制企业的创新能力；而中介机构和金融机构可能会在融资决策中考虑风险因素，高风险高回报的创新项目可能会受到影响。从创新过程阶段的基础研究、应用研究、试验开发到商业化，由于每一阶段都是由多个生态主体共同参与完成的，每一阶段的创新活动实际上受限于各参与主体的最大资源和能力，因此我们将探索企业创新体系中每个阶段是否有阈值以及阈值约束，并研究怎样将其调整在可控范围内。更为重要的是，我们需要识别创新链条的薄弱环节和易“断裂”之处，因为这往往决定了整个创新体系是否能够顺利运转下去。特别是对于各个阶段之间的节点变换，受到阶段之间的信息不对称、参与主体不一致、市场结构不完善、主体能力有限等问题的约束，创新过程在各个阶段之间的传递可能会出现效率低下，甚至断裂的严重问题。

3. 伙伴选择机制

市场导向创新体系构建是由多个生态主体参与的创新增值过程。因此伙伴的选择也是创新体系构建时需要考虑的重要因素。从创新链整体及其各个阶段来看，参与主体包括同行业和跨行业企业（供应商、零售商等）、政府、金融机构、高校及科研院所、科技中介机构等，它们需要在市场规律的主导下，配合开展创新活动。尤其是在市场导向创新体系的不同阶段，参与主体都不尽相同，每一个主体所发挥的作用也都不可替代，而各个主体所参与的阶段以及发挥的作用也是不断演化的，因此市场导向创新体系中的每一个阶段，参与主体会选择合适的合作伙伴，以及各节点之间的主体转换也是需要深入探讨的关键问题。在基础研究阶段，政府作为核心节点，可以选择与哪些企业、高校或科研院所合作，以推动特定领域的创新，政府的伙伴选择可以影响创新资源的分配和集中度；在应用研究阶段，高校和科研院所作为核心节点，可以选择与哪些企业和其他科研机构合作，合作伙伴的选择会影响知识和资源的交流与共享；在试验开发和商业化阶段，企业作为核心节点，可以选择与哪些供应商、合作伙伴及科研院所合作，企业的合作伙伴选择会影响利润的分配。

4. 形成决策机制

在明确市场导向创新体系的驱动机制、约束条件和参与主体选择的基础之上，我们需要进一步分析探讨市场导向创新体系形成与构建中的具体问题：①在整条创新链中，生态主体中的哪些部门需要参与到创新链中？它们在各个阶段应分别扮演什么角色？政府的创新政策是通过政策制定机构形成的，通常涉及多个政府部门的协调，这些决策机构受政策制定过程、政策制定者的观念和目标等因素影响；高校和科研院所的创新方向通常由学术委员会、研究领导层等决策机构制定，这些决策受到学术界的研究趋势、资源分配和科研院所自身目标的影响；企业的创新决策通常由高层管理者或创新团队制定，这些决策受到市场需求、竞争环境和内部资源分配等因素影响；金融机构的融资决策通常由风险评估团队、投资委员会等制定，这些决策受到市场前景、项目风险和金融机构自身利益的影响。②构建市场导向创新体系的目标是什么？需要实现哪些任务？构建市场导向创新体系旨在通过紧密关注市场需求和趋势，将创新引导到满足客户需求的方向上，从而实现持续的竞争优势和商业成功。构建市场导向创新体系是一个综合性的任务，涉及多个方面，如要进行市场调研，深入了解市场趋势和客户需求，以确定创新的方向和重点；建立灵活的创新流程，确保能快速响应市场变化，同时在创新过程中保持高效率和质量；制定合适的市场推广和营销策略，将创新产品或服务有效地传达给目标客户群体。③识别整个创新链条中可能出现的薄弱环节以及“断裂”之处，采取何种保障措施以防止节点断裂的发生？在创新链条中最可能出现的有资金断裂、技术断裂以及创新链条的不连续性。针对这些薄弱环节，政府可以制定整体创新战略，协调各个主体间的创新活动，确保不同环节之间的衔接和协同；中介机构可以促进科研成果向应用研究的转移，帮助创新者将技术转化为实际产品和服务，防止技术断裂；金融机构提供风险投资，支持项目从实验室走向市场，有助于减少资金断裂的风险；各主体之间保持紧密合作，建立协作机制，确保创新链条的连续性。④各相关主体的合作形式是什么样的？如何划分各个主体的权责利、预防机会主义行为的产生？进一步地，各主体需要明确组织内部以及创新链各阶段的权力结构、权责关系以及组织保障体系，以形成高效的决策机制。

3.6 企业创新体系的共生演化机制

创新体系的本质是一个多元主体共生、体系整体演进的动态系统(王福涛，2022；Lazarevic et al.，2020)，具体表现为：在创新全链条的不同阶段，多元主体共同参与，各主体间相互依存，形成独特的“竞合”关系；随着阶段的更迭，创新体系内部的所有成员协同进化、共同发展，带动系统整体发展演进。这种独特的共生演化关系在企业创新体系中体现得尤为明显，主要原因有：第一，企业创新体系与生态系统的架构相类似，各创新主体能够等效为生态主体并衍生出共生演化关系；第二，相较于政府主导，企业创新体系更为开放，能够调动多元主体的积极性，各主体的互动更为密切，彼此的依赖性显著增强；第三，市场环境多变，供需关系处于动态变化之中，各主体带动创新体系整体，通过自主演化以适应多变的外部环境。综上所述，本部分以创新体系的角色识别与职能辨析为基础，结合创新体系的多元多层级网络特征，从共生机制和演化机制两个方面，识别并探究企业导向的创新体系的共生演化机制，凝练共生演化机制所具有的特征；同时综合以上两方面的研究，分析创新体系的运行机制，总结对应的运行特征，从而为保障企业创新体系的顺利运行提供理论参考。

3.6.1　企业创新体系的共生机制

共生机制是企业创新体系运行机制的重要内容，也是体系内部主体赖以互利共赢的法则。共生机制注重研究创新体系各主体之间的依赖与互动，协调规制各主体间、主体与外部环境间的依存关系。本部分针对“共生机制”予以分析，阐明企业创新体系共生关系产生的动力机制，解析可能存在的共生模式，分析共生机制所产生的共生效应，明晰共生关系中的竞合机制，并深入探究有效保障主体间共生关系的治理机制。

共生机制包括资源互补、知识共享、风险共担、市场扩展等。具体而言，资源互补是不同企业拥有不同的资源和能力，它们可以通过合作共享资源，提高创新效率和竞争力；知识共享是高校、科研院所和企业将所拥有的不同的知识和技术，通过知识的积累提高创新能力；由于创新过程中存在风险和不确定性，中介机构和金融机构可以提供风险资金支持，降低创新的风险成本，以实现风险共担。共生关系可以帮助企业扩大市场份额和拓展业务范围，产生的共生效应可以提高企业的创新能力，降低成本，增强市场竞争力。同时在共生关系中，竞合机制是不可避免的，合作伙伴之间可能在某些领域存在竞争关系，但竞合机制可以促进企业保持创新活力和竞争力，激发企业创新动力和潜力。

3.6.2 企业创新体系的演化机制

为保障企业创新体系持续运作，创新体系的所有成员需要协同进化、共同发展，从而带动体系整体的发展演进。厘清创新体系的演化规律更有利于优化体系结构，提升创新效率。在关注创新体系整体发展的同时，也需注重体系内部各主体的变化与调整，并从系统内外部共同总结演化特征。本部分探讨企业创新体系的演化机制，包括整合影响系统演化的因素、剖析系统的演化动力并分析具体的演化路径。

企业创新体系的演化受到多个因素的影响，这些因素包括内部因素和外部因素。内部因素如企业战略目标、组织的学习能力和资源配置等，这些需求和动机可能会推动创新体系的演化。外部因素如市场需求的变化、政府法规政策的变化以及高校和科研院所技术的进步都有可能推动创新体系的演化。创新体系的演化路径是多样的，取决于企业所处的特定情况和目标。一种常见的演化路径是企业通过建立创新文化、培养创新人才、加强研发投入等来推动创新体系的演化；另一种路径是企业通过与外部合作伙伴的合作，如从高校和科研院所获取新的技术和知识来推动创新体系的演化。

3.6.3 企业创新体系的运行机制

企业创新体系的具体运行机制是一个复杂的系统，涉及政府、高校和科研院所、企业、中介机构和金融机构之间的相互作用。共生机制强调各参与方之间的互动和互惠关系，包括资源互补与共享、合作伙伴选择、利益协调与分享。演化机制强调企业创新体系的动态演化能力和自适应能力，企业创新体系中的参与方具有多元性，这种多元性和多样性促进了创新体系中的新思想和新实践的出现。在面对资源和机会选择时，资源的有限性导致各参与方之间展开竞争以获得更多的创新资源和竞争优势。企业创新体系还具有适应环境变化的能力，能根据市场需求和技术趋势调整创新策略。

基于共生机制和演化机制的研究，我们为企业创新体系提供以下方向和建议：①各参与方应加强沟通、协调和合作，生态主体之间可以建立更紧密的合作关系，形成联合创新的力量；②政府应制定更有利于创新的政策和法规，提供更多的创新资金支持，加强知识产权保护，鼓励技术转移和商业化；③高校和科研院所应培育积极的创新文化，培养员工的创新思维和行动；④中介机构和金融机构可以提供更多的创新支持服务，为企业提供技术咨询、市场调研和融资支持等；⑤企业创新体系应持续学习和改进，提高其动态适应能力，各参与方应密切关注市场变化和技术趋势，不断调整创新策略和组织结构。

第4章

企业创新体系中政府的角色定位与作用边界

本章旨在全面揭示我国“政府与市场”双元情境下，政府在企业创新体系中的角色定位和职能/功能定位，辩证地分析政府在企业创新体系中的双重作用及其角色差异，以厘清政府在企业创新体系中的角色定位与作用边界。本章的最终目标是进一步彰显政府在企业创新体系中的独特作用，明确政府在创新体系中如何“有所为、有所不为”；同时也为提出政府在企业创新体系构建、运行和演化中的政策和策略建议打下基础。

4.1 研究思路

企业创新体系涉及政府、企业、科研院所、高校、金融机构、中介机构等多元化的生态主体，这些主体基于市场导向创新过程的市场环境，彼此相互制约、相互影响，从而建立了密不可分的市场关系。在我国“政府与市场”双元情境下，政府作为创新体系的参与主体和利益相关者，其作用具有特殊性。在企业创新体系中，创新资源由市场配置，创新主体由市场选择，创新过程由市场推动，创新收益由市场分配，创新体系的一切活动均遵循市场规律（尤喆 等，2019）。因此在我国“政府与市场”双元情境下，为了弄清市场与政府各自在创新体系中的角色定位与作用边界，需要明确政府在“多阶段、多主体、全过程”企业创新体系中扮演的角色及起到的作用，剩下的就都交给市场，使政府做到“有所为、有所不为”。

如图4-1所示，在传统的创新体系中，政府处于核心领导地位，更多地扮演创新主体的角色，通过行政手段进行资源配置，组织企业、高校院所、中介机构等主体开展创新活动，统筹、规划与管理创新体系的构建与运行；市场的作用被淡化、边缘化甚至被排除出体系之外。在企业创新体系中，企业是创新的主体，创新的市场导向性至关重要(谢家平 等，2022)。第一，企业由于自身很难提供齐全的创新要素，创新活动所需的资金、技术、人才、信息资源等一系列要素，需要通过与政府、高校、科研院所、科技中介机构和金融机构，以及上下游企业和竞争、互补企业等多元化主体合作，进行创新要素的移聚，通过不同的形式吸引创新要素向自己靠拢；第二，企业为主体的创新以市场需求为导向，面向人民群众和市场主体的需求，创新成果更能够推动企业在市场竞争中掌握主动、占据优势(林泽炎 等，2022)；第三，在企业创新体系中，企业接替政府成为创新主体，政府则更多地发挥协调、引导和服务等作用，为企业和其他参与主体牵线搭桥，为合作创造良好的政策环境，提供资金和资源上的支持等。充分发挥政府推力和市场拉力的双重力量，形成以企业为主体、市场为导向的产学研一体的创新体系。

为了更加全面地把握政府的角色和作用，本章包括以下研究问题：第一，系统分析企业创新体系与政府主导的创新体系的根本区别。成功构建并健康运行企业创新体系，需要弄清传统的政府主导的创新体系中政府和市场的作用，识别企业创新体系的本质变化和要求，在此基础上进一步厘清政府和市场的作用发生何种变化。第二，研究政府在企业创新体系中的角色识别与职能/功能定位。在政府职能转变的必要性分析基础上，基于市场导向的原则，识别政府在

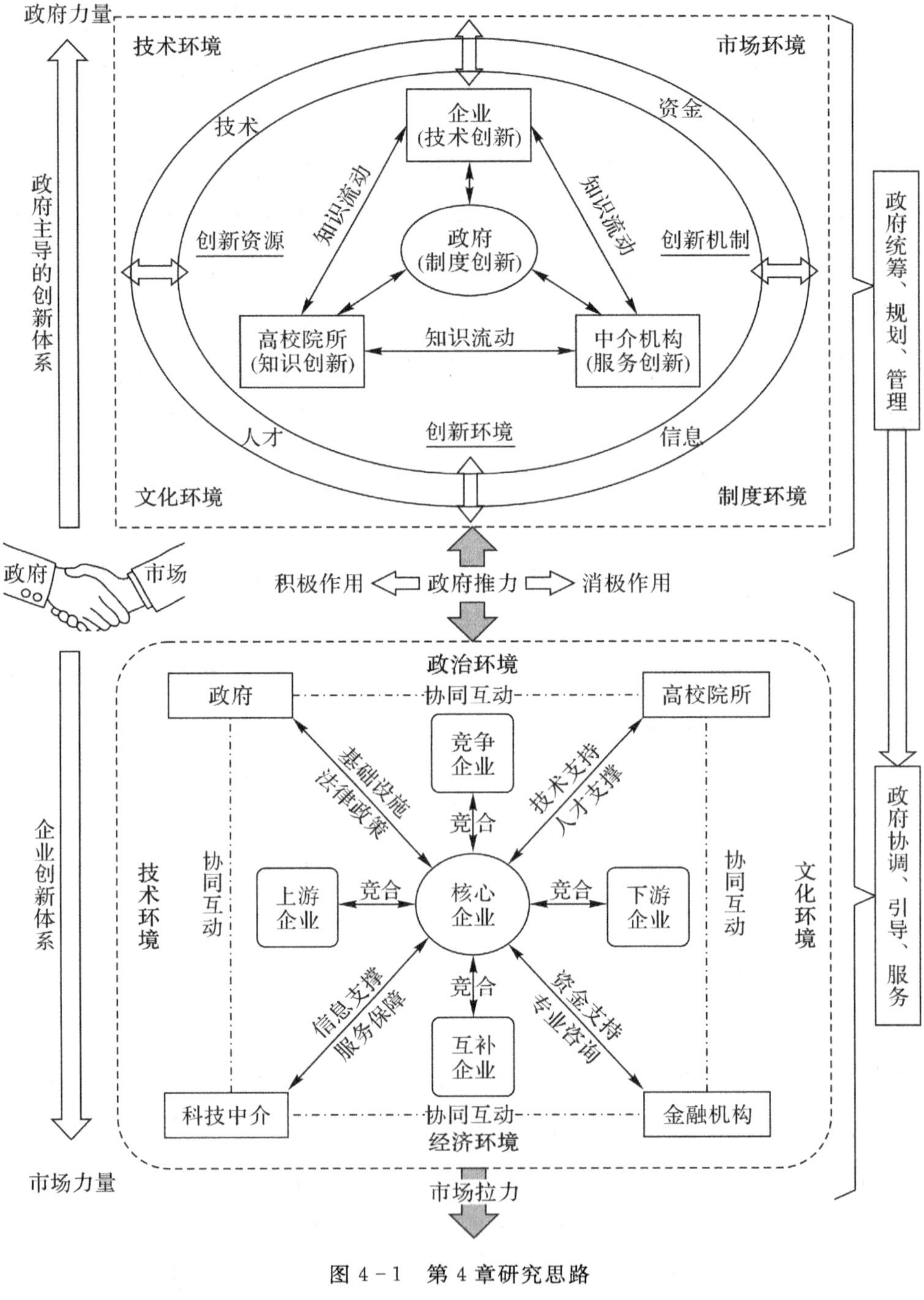
政府力量
技术环境
市场环境
技术
资金
企业
(技术创新)
知识流动
知识流动
创新资源
政府
(制度创新)
创新机制
高校院所
(知识创新)
知识流动
中介机构
(服务创新)
人才
创新环境
信息
文化环境
制度环境
政府主导的创新体系
政府统筹、规划、管理
政府
市场
积极作用
政府推力
消极作用
政治环境
政府
协同互动
高校院所
竞争
企业
基础设施
法律政策
技术支持
人才支撑
竞合
技术环境
协同互动
上游
企业
竞合
核心
企业
竞合
下游
企业
协同互动
文化环境
企业创新体系
政府协调、引导、服务
信息支撑
服务保障
竞合
资金支持
专业咨询
互补
企业
科技中介
协同互动
金融机构
经济环境
市场力量
市场拉力

图 4－1 第 4 章研究思路

企业创新体系中的角色和功能。第三，辩证分析政府在企业创新体系中的双重作用及角色差异。对政府在市场导向创新体系中的作用差异进行国际对比，辩证分析政府在市场导向创新体系构建、运行及演化中的双重作用机制，以期识别不同情境、不同条件、不同技术领域（行业）、不同行业发展阶段、不同层级、创新链条不同阶段以及创新体系构建和运行全过程中政府的作用差异。第四，进一步明确政府对企业创新体系的干预边界。

4.2 研究方法

为了厘清市场与政府各自在企业创新体系中的角色定位与作用边界，只需明确政府的作用边界，剩下的都交给市场。因此本章采用以下研究方法。

1. 文献研究与调查研究

在分析国内外现有文献资料的基础上，结合市场导向和传统政府主导的创新体系中代表性创新主体的实际调研访谈，识别企业创新体系与政府主导的创新体系的本质差异。由于创新价值链主体的多样性，调研工作量可能会较大，尤其是与政府相关部门的接洽将是一大挑战。因此，我们将首先选择对本地的创新价值链及政府部门进行调查，积累一定的经验之后再在全国进行更广泛的调研。通过调研得到数据，进行企业创新体系与政府主导的创新体系的比较研究。这种方法是了解中国本土创新体系现状以及政府实际参与情况最直观的方法。

2. 案例研究

汇总近年来我国的创新政策，基于典型案例长期跟踪分析总结政府的作用，对比分析中西方创新体系构建、运行以及组织和管理中政府的不同角色定位和作用边界。案例分析的来源包括上文所提到的调研访谈，以及网络上公开的企业及政府部门相关新闻报道。

3. 扎根理论

采用扎根理论方法，直接从实际观察入手，筛选具有代表性的创新主体，对其进行大量的结构化、非结构化访谈，从所获资料中归纳总结政府在创新体系中的作用。

4. 比较研究

对比国内外创新体系中政府的角色定位和作用差异，以及企业创新体系与政府主导的创新体系中政府和市场作用的差异，由此深入了解我国市场导向创新体系构建、运行与演化过程中政府的角色定位和作用边界。

4.3 企业创新体系与政府主导的创新体系的区别与联系

政府和市场是创新体系中不可或缺的组分，分别在创新体系之中扮演重要角色。两者不仅作为创新活动的参与者，引导创新的顺利进行；还作为体系整体发展演化的带路人，根据双方的特性差异指引体系的发展导向，并分化出政府主导和市场导向两种具有显著差异的创新体系。依照政治体制与市场发展程度等多方面因素差异，创新体系的构建者会综合考虑两种体系的优势和短板，选择适宜的创新体系。另外，政府与市场同时参与两种创新体系的运行，但两者在角色、功能、定位和作用等方面存在较大的差异，各自具有独特的优劣势。

本部分以政府主导的创新体系与企业创新体系的整体概况为切入点，结合创新体系的阶段性特征，尝试性分析两种创新体系的直观差异与优势短板，对比分析政府主导的创新体系和企业创新体系之间的直观差异；在两种类型的创新体系之中，初步分析政府与市场各自的作用与存在的问题，确定不同体系中政府和市场的职责；最后结合先前研究，识别我国两种创新体系的发展现状，明确两种创新体系的发展方向，为后续的深入分析提供参考。

4.3.1　政府主导的创新体系与企业创新体系优劣势辨析

政府主导的创新体系是指政府处于领导地位的创新体系（Xu et al.，2022）。在政府主导的创新体系中，政府借助自身的公信度与强制力，决定创新活动的实施与否；抑或是利用行政手段干预创新主体与创新活动，进而影响创新的过程与结果。与之相对，企业创新体系则是指各创新主体遵循市场规律，借助市场需求的拉力与市场竞争的推力，协同互动，共同完成创新活动的创新体系。不论是政府主导的创新体系还是企业创新体系，政府主要的创新方向仍是制度创新，而企业创新的主要方向是技术创新，并且这两个主体在创新过程中都是相互影响的。在运行规律方面，政府主导的创新体系由政府进行制度创新，并与企业进行的技术创新、高校院所进行的知识创新以及中介机构进行的服务创新相互影响。而企业创新体系是核心企业与市场中其他企业的竞合关系推动核心企业进行创新，并由政府、高校院所、科技中介和金融机构提供良好的技术环境和文化环境。政府主导的创新体系可以推动市场中的大部分企业进行创新，但是由市场进行的制度创新需要较长的时间才能发挥作用，并且在执行创新制度时容易受到其他因素的干扰。而企业创新体系由于只专注企业自身的创新成果，创新效率会比政府主导的创新体系高，但是只有受到竞争威胁的企业才更有可能进行创新。两种创新体系各有其优劣势，因此需要明确政府的角色定位与作用边界，让创新体系发挥更大的作用。

4.3.2 企业创新体系中政府作用与市场作用的差异比较

政府和市场在不同导向的创新体系中具有不同的作用与地位。一般而言，在政府主导的创新体系中，政府不仅仅是参与创新，更统筹、规划并管理创新体系，政府直接深度参与企业的创新活动，并且在资源配置上更侧重于大企业，在政策机制上更侧重于直接资助；市场的作用被淡化、边缘化乃至被排除出体系之外。政府主导的创新体系有利于弥补市场缺陷，优化科技资源配置。但如果政府出现决策失误，就可能带来灾难性的后果，并且大小企业的创新资源可能分配不均，大企业等利益集团挤占创新资源，而中小企业缺乏创新活力（周海涛 等，2016）。在企业创新体系中，市场为创新提供自由的氛围与不竭的动力，市场通过竞争机制激发企业的创新动力，只有具有竞争优势的产品与技术才能在市场中获得成功；政府则更多地发挥协调、引导和服务等作用，不轻易干预创新活动的进行。企业创新体系有利于优化创新资源配置，避免政府干预危机，并可以激发中小企业创新活力；但相关科技政策进程缓慢并且难以体现国家总体创新战略。

4.3.3 企业创新体系发展现状

政府主导的创新体系与企业创新体系在世界各国广泛存在，并且因政治体制与市场发展程度等多方面因素差异而具有多样化的表现形式。本部分结合文献资料，依据政府和市场在创新体系中的作用差异，尝试对两种类型的创新体系予以细分；根据不同创新体系所处的情境差异，比较具体情境下创新体系的发展情况与各自的优劣势，尝试分析并规划企业创新体系未来理想的发展方向。

美国的创新体系是市场主导的创新体系，企业在美国创新体系中作为主力军，是科研活动最大的投资者和执行者，各创新主体的独立性、自主性得到保障，使整个创新系统运行高效。与美国相比，瑞典政府属于“强干预”，瑞典创新体系各主体之间之所以能够高效合作，得益于瑞典政府顶层统筹下的产学研一体化模式，政府作为创新政策制定者、基础研究资助者、创新环境营造者和创新利益保护者保证创新体系的成功运行(雷小苗 等，2021)。

由市场主导的创新体系能快速响应市场需求和变化，创新活动具有灵活性和适应性，并且自由竞争的环境鼓励企业进行创新以获得竞争优势，有利于创新的孕育与发展。但市场导向的创新体系可能导致企业关注短期经济利益，忽视长期的基础研究。并且自由竞争的市场可能导致资源分配不均，从而影响到一些基础研究和高风险项目的发展。在政府主导的创新体系中，政府可以投资于重大基础设施建设，推动关键技术的发展，并且能够集中调配资源，确保关键领域的投资和研发。但在政府主导的创新体系下，政府干预可能导致创新体系不够灵活，难以适应市场变化和需求。企业创新体系未来的发展方向应平衡政府和市场的作用，促进科研与产业的融合，鼓励开放创新和国际合作，营造积极的创新文化，借助数字化、可持续发展、社会责任等，推动创新的可持续发展。

4.4 企业创新体系中政府的角色识别与功能定位

本部分研究兼顾市场导向创新体系的过程特征和我国“政府与市场”双元情境，分别探讨政府在企业创新体系中的角色识别和不同的功能定位。

4.4.1 企业创新体系中政府角色定位的国际比较

从创新效率和创新效果上对国内外企业创新体系中政府的角色进行识别并对比分析，当然也需要综合考虑创新目标、创新生态主体实力、国家市场化水平等因素影响。政府该怎样做到“有所为、有所不为”，本部分研究的开展将会在一定程度上解开这方面的疑惑。不同国家的政府可能会有不同的创新目标，如美国政府基于使命参与重点领域的创新是国家创新能力的重要组成部分，并带来了市场创造和经济增长(严锦梅 等，2022)；而日本的创新主体是大型企业，为了解决企业间相互排斥的问题，日本政府为从事开放性创新的企业大幅增加税收优惠力度(王玲，2018)；而中国政府的创新目标通常是推动关键技术研发、支持高科技产业等，政府在创新目标的制定和执行中发挥了引导和监督的作用，有助于提高创新效果。在创新生态主体实力参差不齐的情境下，政府可以通过提供资金支持、科研基础设施建设等方式来增强创新生态主体实力。而创新生态主体实力均较强的情况下，政府的角色更多是提供支持、监管和促进创新合作。在市场化水平较低的国家，政府会采用直接干预市场的方式提高创新效率，但同时也会出现资源分配不均的问题。在高度市场化的国家，政府的作用相对较小，市场力量占主导地位，政府更多地扮演着监管和知识产权保护的角色，以维护创新的公平竞争环境。

4.4.2 企业创新体系中的政府职能转变

目前，政府和市场的边界还相对较模糊。具体来说，原来是“政府直接办市场”，而不是“市场办市场”，也就是说政府在某种程度上，直接成了市场主体、股东和直接投资者，或者政府通过各种审批和行政命令来控制市场。以前政府和市场边界不清晰，行政权力与资本高度统一和重合，政府既是运动员又是裁判员。因此，如何细致地厘清并转变政府职能是当务之急。首先,要重新定义政府职能,政府应明确自己的定位和职责,主要聚焦于市场失灵和公共利益保障方面,避免与市场主体过度重合;其次,要调整行政权力和资本的关系,政府应避免过于干预市场和企业的经营活动,应转变为推动市场竞争、提供公共服务和保障公平竞争的角色,确保行政权力和资本的分离;再次,建立规范的监管机制,对政府的职能行使监督,确保政府行为合法、公正,避免权力滥用和腐败现象的发生;最后,推动市场化改革和创新体制建设,加强市场的竞争性和活力,为企业提供公平竞争的环境和条件,减少对市场资源配置的干预,提供创新支持和保护知识产权。

4.4.3　企业创新体系中政府职能转变的方向

若政府的职能边界不清,会扰乱市场的正常秩序,扭曲市场配置资源的功能,还会滋长腐败,造成国有资产的损失。因此,在开放的市场经济条件下,需要明晰政府的功能定位并构建有效的政府管理体制,其目的就是能够在充分引入市场竞争的前提下,有效弥补市场缺陷,实现市场效率的帕累托改进。

1. 政府职能作用范围的转变

企业创新体系是一个非常复杂的系统,涉及政府、高校、科研院所、金融机构、企业和中介机构等多个创新生态主体,其中企业是创新的主体,高校与科研院所是创新源,金融机构与中介机构是创新的黏合剂,政府的主要功能则是为创新提供政策与创新环境(安涌洁等,2023)。这些创新生态主体相互作用,构成了企业创新体系。在这个体系中,政府不能够替代企业、高校与科研院所、中介机构,政府的作用不是无限的,而是有限的。政府的作用一旦超越其范围,就可能会使企业创新体系失衡,降低市场导向创新体系的绩效。因此,政府发生作用的范围必须根据其在企业创新体系中的功能定位进行调整，实现创新体系由政府主导型向市场导向型的转变。从目前的情况来分析，政府功能发生作用的范围要实现三个方面的转变：①从无限型向有限型转变，即从过去的“无处不在、无所不能、包打天下”的无限职能型向根据市场经济发展要求和创新规律，着力提高创新的制度供给能力等有限职能型转变；②从干预型向服务型转变，即从过去直接干预创新和生产要素配置，动辄开会、检查和指令等传统干预式的作用范围中解脱出来，还权于市场，正确处理政府“有所为”与“有所不为”的关系；③服务范围从注重某个阶段向全链条服务转变，即为创新过程的基础研究、应用研究、试验开发、商业化这一创新链条提供全方位的服务。

2.政府职能作用重点的转变

政府在企业创新体系中的主要功能是为创新提供制度与创新环境（卢现祥 等，2021），这个角色定位就决定了政府在创新体系演化进程中发生作用的重点是为其他创新生态主体创造良好的制度与创新环境，在市场“失灵”和单个创新生态主体无能为力的领域中发挥作用。因此，政府作用的重点应该是：建立有效的企业家激励与约束机制，建立有效的吸引人才的制度环境，建设创新的基础设施等。

3.政府职能作用方式的转变

在企业创新体系中，政府发挥作用的方式实际上是在政府作用范围内，政府发挥作用所赖以实现的基本路径，它与政府作用的范围、作用的重点相互作用，共同构成了政府在企业创新体系中的作用机制。政府发挥作用的主要方式包括政策服务、产业规划、信息导向和培育中介机构等。

4.4.4 政府在企业创新体系中的角色识别与功能定位

企业创新体系往往是在市场规律驱动下由创新生态主体自发参与形成，政府应该从“越位”的地方彻底“退位”，在“缺位”的地方进行“补位”，真正成为政策制定者、创新激励者、资源协调者、过程参与者和产权保护者，为建立中国本土企业创新体系，以及中国政府在企业创新体系中的支撑与补位的功能定位找到合理的参考。

4.5 政府在企业创新体系中的双重作用及其角色差异

在我国“政府与市场”双元情境下，政府作为创新体系重要的参与主体之一，其作用具有极其特殊性(贾晓峰 等，2021)。对政府在企业创新体系中的作用差异进行国际对比和总结，辩证地分析政府的积极和消极双重作用机制，识别不同情境、不同条件、不同技术领域(行业)、不同行业发展阶段、不同层级、创新链条不同阶段以及创新体系构建和运行全过程中，政府发挥作用的时点、程度和范围，能够更深刻地把握政府在企业创新体系的构建和运行中的独特作用，为下一步研究政府的作用边界提供基础。

4.5.1 政府在企业创新体系中作用差异的国际对比

对比中西方背景下企业创新体系中政府作用的差异能够进一步彰显中国本土特色研究。中国“政府与市场”双元情境下，政府在创新体系中的地位和作用显然不同于西方国家。然而，中西方差异具体体现在哪些方面，政府的不同作用在中西方企业创新体系中分别带来了怎样的影响和结果，中国政府又该如何借鉴西方经验以摆正其在企业创新体系中的位置以及发挥应有的作用等，这些问题都需要进一步深入探讨。各国创新治理水平差异显著，科技、经济建设基础与治理经验累积等实践因素是影响国家创新治理水平的重要方面(柳玉梅 等,2023)。中国政府在创新体系中通常扮演着更为主导的角色,通过政策引导、资源配置和监管来推动创新。而西方国家更强调市场的自由作用,政府的作用相对较小,主要集中在提供基础设施、法规和知识产权保护方面。在基础研究和应用创新方面,中国政府倾向于在应用研究方面发挥作用,推动产业升级和技术应用,在科研机构和大型国有企业中发挥领导作用。西方国家更加强调基础研究和科学探索,政府通常投入资源来支持大学和科研机构的基础研究。政府的不同作用在中西方不同创新体系中分别带来了不同的影响和结果。在中国,政府的强力引导和支持可以帮助企业快速发展和扩大规模,尤其是在新兴技术领域,但同时也可能导致资源浪费和过度干预市场的问题。西方国家中市场的相对自由性可以促进更多的创新和竞争,但也可能导致短期内创新项目的不稳定性和资金不足的问题。中国政府可以通过借鉴西方经验发挥其应用的作用,如支持基础研究,通过增加对基础研究的支持,培养更多的科学家和研究人才;降低市场壁垒,逐渐减少对市场的干预,促进市场竞争,使创新更加具有活力;支持创新生态系统,促进大企业、初创企业、研究机构和投资者之间的合作以推动创新。

4.5.2 政府在企业创新体系中的双重作用机制

研究政府在企业创新体系中的作用机制,需要对其积极作用与消极作用同时进行辨证分析。政府的积极作用机制主要表现为政府对企业创新体系构建、运行与演化中的支持、引导、推动、保障作用,而消极作用机制则是由于政府过多干预企业创新体系的具体构建和运行而带来的负面影响(庄芹芹 等,2020)。辨证分析政府的积极与消极双重作用机制是正确认识中国本土创新体系的关键,能够彰显中国特色研究。

1. 政府对企业创新体系构建与运行的积极作用研究

政府通过发挥支持、引导、推动、保障等职能手段促进企业创新体系的成功构建与良性运转，如采用创新资源配置、基础设施建设、知识产权保护、科技成果转化平台搭建等具体措施和手段，然而政府怎样更加充分且合理地利用这些措施与手段，将是未来研究的重点之一。

2. 政府对企业创新体系构建与运行的消极作用研究

政府“看得见的手”过多干预则会产生负面影响（刘若姣 等，2023），只有避免消极作用，才能够为企业创新体系的构建与发展创造更加良好的环境。我们认为，政府过多干预一方面可能会破坏创新体系遵循市场规律进行构建、组织和管理，另一方面从长远来看也会挫伤作为创新主体的企业和其他参与主体在整个创新体系运行中的积极性。如何平衡政府与市场在创新体系构建及运行中的关系，削弱甚至避免政府干预对企业创新体系的消极作用，发挥政府的积极作用是重要研究内容。

4.5.3　政府在企业创新体系中的作用和角色差异

由于政府在企业创新体系中的特殊地位，其在企业创新体系中的作用和角色也颇具特色，在不同情境和条件下、不同技术领域（行业）、不同行业发展阶段、不同层级、创新链条不同阶段以及创新体系构建和运行全过程中，政府发挥作用的时点、程度和范围也应该有所差异。全面分析政府在企业创新体系中的差异化作用和角色，有利于更好地指导政府参与到在企业创新体系的构建、运行以及组织和管理活动中，最终促进企业创新体系中创新资源的自由流动、创新主体的高效协同、创新活动的积极开展以及创新收益的合理分配。

1. 不同市场结构下政府的作用和角色差异

不同市场结构下市场机制作用的发挥效率和效果有很大差异，进而对企业创新体系的构建和运行会产生影响。如在市场充分竞争条件下，应该尊重市场规律，让市场的供求机制、价格机制、竞争机制和风险机制充分发挥其作用，让市场充分发挥在资源配置中的决定性作用，而政府不宜过多干预，更多是适时对市场进行补位（李建端，2018）；然而在混合竞争条件下，无法单纯依靠自由竞争的市场竞争机制，需要同时发挥市场“看不见的手”和政府“看得见的手”的作用，一方面让市场机制成为经济运行的主要调节机制，另一方面充分发挥政府对市场的干预调节功效，着重对市场进行监管并打击垄断行为，保障市场的有效竞争和减小新进入者的障碍，保持市场竞争的相对公平。

2. 不同技术领域（行业）中政府的作用和角色差异

对于能源安全、信息通信技术、生物技术及医学和健康、新材料和纳米技术、人工智能、国家重大技术装备、基因工程、网络空间安全等事关国家安全和国家竞争力的技术领域（行业），政府应该提供重点支持甚至发挥主导作用，并且对于引领性和前瞻性技术更要尽早布局，通过国家的各项科技规划，将有限的预算资金集中用在国家优先发展的重点科技领域以及战略性行业，而其他技术领域尽量交由市场，避免“看得见的手”的过多干预。

3. 企业创新体系全链条不同阶段政府的作用和角色差异

企业创新体系中创新过程涉及多个阶段，还需要明确政府在不同创新阶段的作用和角色差异。如在基础研究阶段，研究成果大都具有公共品的性质，私人与企业一般无法参与其中，须由政府站在国家发展战略全局高度进行规划，并组织力量开展国家重点攻关项目；而在应用研究阶段，政府的干预力度和范围应该减少，除了对前瞻性技术、关键共性技术等联合开发，更多地应做好引导和支持工作，积极发挥企业创新主体的作用；在试验开发阶段，要发挥市场机制的主要作用，政府的主要作用是扶持和培育中介机构，牵头设立风险投资基金，建立创新孵化器，完善中小企业融资渠道等；而在商业化阶段，政府工作重点是通过政府采购为创新成果创造市场需求，加强对垄断市场的监控。当然，考虑到中国“政府与市场”双元情境带来的复杂性，政府在企业创新体系中的作用和角色差异还需要在后续研究中结合实践进一步发掘。

4. 企业创新体系构建和运行全过程中政府的作用和角色差异

如在企业创新体系构建之初，政府主要应做好宏观政策与法制环境、基础设施建设等方面的工作，尤其是在未来创新目标和发展大方向方面，需要政府站在国家发展战略全局高度予以引导，以促进重点行业关键领域率先实现创新突破，培育市场主体、引导多元主体参与创新过程；而当企业创新体系平稳运行时，政府则应制定有针对性的政策、提供资金和资源支持、培养创新人才、加速科技成果转化的进程等，促进企业创新体系健康、良性运转。

5. 不同行业发展阶段政府的作用和角色差异

根据行业生命周期理论，行业发展主要经历导入期、成长期、成熟期和衰退期四个阶段，不同阶段的特征差异需要政府扮演差异化的角色以及发挥不同的作用。如在行业发展导入期，产品设计尚未成熟、技术存在很大的不确定性、企业进入壁垒较低等，政府的角色是统筹者和规划者，通过法律建设、政策制定、资源倾斜等手段鼓励、引导和支持新产品和新技术的开发与升级，并对新进入者与恶劣竞争行为进行有效监督；在成长期，政府角色是监督者和制度制定者，政府机制逐渐让位于市场机制，让企业自主发展，政府的“有限作为”更重要；而在行业发展的成熟期，政府的角色是补位者，因为市场机制已经相当完善，政府只需在制度结构建设、信用体系建设以及市场风险防范等方面有选择地作为，对市场失灵进行适时补位；在衰退期，行业生产能力过剩，技术被模仿后出现的替代品充斥市场，产品品种减少，政府重在引导市场有序地退出。

6. 中央和地方政府的作用和角色差异

国家的职能主要体现在国防、外交、提供公共物品与克服市场失灵等方面，而地方政府主要是执行国家意志、保持地方（区域）经济持续发展，由此决定了中央和地方政府在创新体系中的作用和角色很不相同。首先，中央政府重点在总体战略布局、重大战略计划制订方面，如国防高技术创新、知识创新工程、国家创新重大工程和项目、国家重点研发计划等；而地方政府更多是执行国家战略目标任务，如通过建立科技基础设施、配套资源、管理投入等措施协助支持国家创新战略意图的实现、促进区域间与区域内创新协调发展等。其次，中央政府服务于国家创新体系，而地方政府更多为区域创新体系的构建和运行提供支持。最后，中央政府必须在创新价值链的上、中、下游全面推进，并偏重于进行基础研究以及战略高技术、前瞻性技术和共性技术研究；而地方政府强调下游的商业化，主要致力于寻求技术源并使之与本地经济有机结合，使创新成果转化为现实生产力从而更好地服务于区域经济和社会发展。

4.6 政府对企业创新体系的作用边界界定

在企业创新体系中，市场这只"看不见的手"操纵着创新活动，在创新资源的配置、创新主体的选择、创新过程的推动、创新收益的分配中起着决定性的作用；相应地，政府则退居幕后，主要负责营造公平竞争的市场环境和制度环境，做好公共服务，搞好宏观调控，支撑市场机制的运行，确保市场这只"看不见的手"的正常作用（李琪，2019）。同时，市场的外部性、垄断以及某些创新成果的公共品特性，使得市场这只"看不见的手"在某些时候作用有限，甚至放任其作用反而会使结果向不好的方向发展。因此，政府有时也需要从幕后走到台前，以"看得见的手"平衡市场这只"看不见的手"，作为市场机制的补位。

从政府与市场这种支撑和补位的机制来看，政府职能可能存在两种极端的状况：一种是政府做了一些不该做的事，即政府"越位"；另一种是政府没有做它该做的事，即政府"缺位"。这两种极端都会导致企业创新体系中市场与政府关系的失调，创新活动运行的绩效低下。我们必须总结政府干涉的边界条件，最大程度地发挥政府的支撑和补位作用，同时减轻或削弱政府越位带来的消极作用。在本部分研究中，首先，要明确政府在企业创新体系全链条不同阶段中的作用领域，即弄清哪些地方政府该"插手"，而哪些地方则应充分发挥市场的主导作用，并区分政府在企业创新体系全链条不同阶段作用的强弱程度，考虑到政府干预强度难以量化，应主要采用比较分析方法进行研究；其次，明确政府在企业创新体系的形成与构建、运行与演化全过程中的作用边界；再次，将政府的角色进行分解，区分中央政府和不同地方政府的作用边界差异；最后，分析在不同市场结构、不同技术领域（行业）、不同行业发展阶段下，政府在企业创新体系中的作用边界会产生什么变化,进一步完善政府的作用边界研究。本部分内容为管好政府“看得见的手”提供有益的指导。

4.6.1 政府在企业创新体系全链条的作用边界

在企业创新体系中,由于市场起决定性作用,凡是市场能做的,比政府做得更好的都交给市场,政府为市场有效运行创造好的支撑环境,如法制、人文的软环境,重要基础设施的硬环境,等等。同时根据一般的市场经济理论,在企业创新体系中,政府需要在市场失灵的领域充分并强有力地发挥干涉作用,补位市场机制。根据市场失灵的程度不同,市场失灵的现象可以大致分为四种:①市场决定不了的,如涉及国家安全和生态安全的由政府决定;②市场非效率的,如公平分配和环境保护方面由政府干预;③市场解决不了的,如涉及国家重大科技项目、前瞻性基础研究和关键性共性技术研究等由政府安排;④市场调解下企业不愿意进入的,如公共性、公益性创新项目由政府安排。因此,本部分研究首先需要全面分析企业创新体系全链条不同阶段的创新活动,总结每一个阶段可能存在的市场失灵现象,确认政府在企业创新体系中的支撑和补位作用的边界;其次,在总结市场失灵现象的基础上,进一步划分市场失灵的程度,依据市场失灵程度的不同判定政府介入的相对强度,确定政府补位作用的强弱边界。

在基础研究阶段,由于该阶段高风险、投资回报周期长的特点,市场往往无法提供足够的资源来支持这些研究,私人企业不愿意投资基础研究项目,同时基础研究需要大量的长期资金支持,私人企业可能无法有效地进行资源配置和协调,此时会出现市场决定不了的和市场非效率的失灵,需要政府提供资金和资源支持,并提供合理的资源配置和协调。

应用研究阶段通常需要大规模的试验及完善的技术和专业知识，企业无法承担应用研究的高成本和高风险，同时私人企业之间可能存在信息不对称和资源分散的问题，导致市场非效率的失灵，这一阶段的核心节点是高校和科研院所，政府需要在一定程度上提供资金支持。

试验开发阶段需要大量的投资和试验，进行大规模的市场试点和推广。不确定性和风险程度会影响企业进入市场的意愿，因此出现市场决定不了的失灵和市场调节下企业不愿意进入的失灵，这一阶段的核心节点是企业，政府可以通过制定符合创新发展的政策、完善相关法律法规、降低市场不确定性等方式发挥其作用。

在商业化阶段，企业需要有效的市场渠道和销售网络来推广和销售产品，但由于缺乏必要的市场经验和资源，可能导致商业化进程不顺利。同时，在商业化阶段，企业将面临激烈的市场竞争和不确定性，私人企业可能不愿意进入这一市场，就存在市场非效率的失灵和市场调节下企业不愿意进入的失灵，这个阶段的核心节点仍是企业，政府可以提供合理的资源配置和协调，引导企业顺利进入市场。

4.6.2　政府在企业创新体系构建与运行全过程中的作用边界

由于“政府与市场”的双元情境贯穿企业创新体系的形成与构建、运行与演化的全过程，为进一步了解政府在企业创新体系中的作用边界，我们有必要分析政府在不同过程的作用边界有何差异。

首先，在第 3 章的基础上，厘清政府对企业创新体系的形成与构建过程的驱动和约束作用，总结政府的干涉边界以便能最大程度地发挥其积极的驱动作用，减轻或削弱其消极的约束作用。政府在形成与构建过程中的驱动作用主要体现在以下方面：政府可以通过出台相关政策来鼓励企业进行创新，促进创新能力的提升和创新成果的转化；政府还可以通过引导企业关注战略性新兴产业和关键技术领域，推动技术转移与合作，促进企业之间的学习和创新能力的积累。政府在企业创新体系的形成与构建过程中的约束作用主要体现在：政府需要对企业的创新活动进行监管和规范，确保创新行为的合法性和合规性；对创新活动中可能出现的风险进行防范和管理，及时回应企业面临的挑战和问题，保障市场的稳定性和经济的可持续发展。

其次，在第 3 章的基础上，分别分析政府在企业创新体系的共生机制、演化机制和运行机制中的作用边界。在共生机制中，政府的作用边界主要体现在引导和推动创新发展方面。政府可以通过产业政策和相关规划，引导企业关注战略性新兴产业和关键技术领域，促进企业间合作和协同创新。在演化机制中，政府的作用边界主要体现在提供创新环境和基础设施建设方面。政府可以投资建设科研机构、科技园区等创新平台，搭建创新交流与合作平台，为企业提供研发和创新的资源和场所。在运行机制中，政府的作用边界主要体现在监管和规范创新活动，维护市场秩序和公平竞争，确保创新行为的合法性和合规性，促进市场的稳定发展。

4.6.3 中央和地方政府在企业创新体系中的作用边界差异

一些研究重点识别中央和地方不同层级政府的作用边界差异，试图厘清中央政府和地方政府的责任划分。例如，中央财经大学课题组(2006)基于当时的行政体制和财政体制背景，讨论了中央政府与地方政府的政府责任和支出分配问题，在对已有问题分析的基础上，提出了一定的建议。何显明(2007)基于地方政府自主性的视角，认为在市场化的进程中，地方政府在中央下放的自主权基础上获得了一个具有扩张性的自主性空间，意味着地方政府实际权限、职责及行为边界的弹性化和模糊化，意味着地方政府角色行为潜在多元化的可能性，它使得地方政府在市场化进程中的角色呈现出深刻的内在矛盾：地方政府既可能基于其相对超前的市场经济认知信念或理性选择的行为逻辑，成为区域市场体系的培育者和引导者，也可能因为受制于对政治风险的顾虑或实现短期政绩最大化的追求，成为区域市场体系发育的阻碍力量。

中央政府和地方政府的职能、职责和职权不同，相应地对企业创新体系的作用也有所差异，因此在企业创新体系中的作用边界也不同。此外，由于不同区域的市场化水平不同，政府与市场的关系、非国有部门的发展、产品市场的发展、要素市场和中介机构的发展及法律环境都有所差异，必然会对创新体系产生影响。市场化水平低的区域，市场的力量相对不足，市场失灵的现象加剧，地方政府的作用边界也将有所扩张。中央政府和地方政府在创新体系中的作用边界取决于许多因素，如国家战略、政策导向、地方经济特点等。中央政府通常在制定总体方向和政策框架时发挥更大的作用，而地方政府在具体政策实施和落地时产生更大作用。不同区域的地方政府在创新体系中的作用边界也会因地区特点而异。发达地区可能更注重引导产业升级和高端技术创新，而欠发达地区可能更着重于基础设施建设和吸引外部投资。地方政府的作用也可能因地区经济结构、科技资源等因素而有所不同。

4.6.4 不同市场结构下政府在企业创新体系中的作用边界

市场结构是指规定构成卖者相互之间，买者相互之间，以及卖者与买者之间等诸关系的因素和特征。根据西方市场理论，市场结构可分为完全竞争市场、垄断竞争市场、寡头垄断市场和完全垄断市场四种类型。不同市场结构因其内部因素的不同对创新的影响也是不同的，换言之，不同市场结构下企业创新体系中的市场机制的作用有所差别，相应地，政府的作用也会产生变化（Sabri et al.，2021）。这就要求我们在分析政府在企业创新体系中的作用边界时首先要搞清创新体系所处的市场结构类型，依据市场结构的不同类型，研究市场机制作用的变化，在明确市场机制的作用后，政府在企业创新体系中哪里应该支撑，哪里应该补位相应地也就清楚了。

在完全竞争市场中，存在大量小型企业，产品是同质化的，市场价格由供需决定。在这种市场结构下，企业创新的动力主要来自竞争压力，政府的作用可能主要集中在确保市场竞争的公平性，防止垄断形成。

在垄断竞争市场中，存在许多相对较小的企业，每个企业都生产略微不同的产品，企业在一定程度上能够通过产品差异化来获得市场份额；政府的作用包括市场监管，防止虚假宣传，并鼓励企业进行创新以提供更具吸引力的产品。

在寡头垄断市场，少数几家大型企业控制着市场份额，企业之间的竞争不如完全竞争市场激烈；政府要更积极监管市场，限制市场权力集中，更要着力促进创新，避免市场失去创新动力。

在完全垄断市场，只有唯一一个供应商。在这种市场结构下，政府要确保该垄断企业遵守公平竞争法规,并且要实施更严格的监管措施,维护市场公平性和消费者权益。

4.6.5　不同技术领域内政府在企业创新体系中的作用边界

某个技术领域的技术水平越低,相较于其他市场的比较优势越低,这一领域的创新过程中的市场失灵现象就越明显,此时政府的补位作用就显得至关重要。此外,技术方向路线的明确程度也与市场存在紧密的联系,对于技术路线不明确的行业,市场能充分发挥在创新方向、路线选择以及各类创新要素配置等方面的导向作用。总结来说,技术水平的高低以及技术路线的明确程度决定了政府和市场在企业创新体系中的作用边界。因此我们需要依据不同技术领域的技术不确定性和该技术领域的技术水平高低将技术领域分为四大类(见图 4－2)。

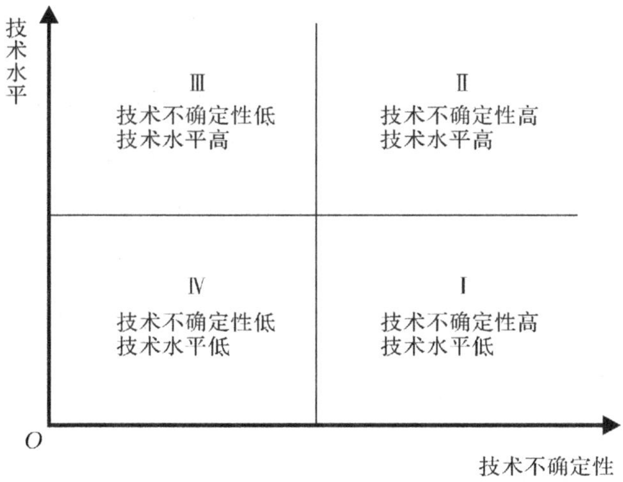

图 4－2　技术领域象限图

第一象限代表了一些较为落后的领域，政府可以通过投资基础研究、推动技术交流等来降低技术不确定性，为企业提供支持和引导；第二象限代表了技术水平和技术不确定性程度均较高的新兴领域，政府可以通过资助研究项目、提供科技孵化器等来支持企业的创新，同时也可以制定灵活的政策以适应不断变化的情况；在第三象限，技术相对稳定且已经很成熟，政府的作用更多地集中在政策制定以及提供支持和激励措施，鼓励企业进行更多的创新；在第四象限，技术水平与不确定性程度均相对较小，政府主要在提升企业和人才的技术水平方面发挥作用，从而为后续的持续创新打下基础。

4.6.6 不同行业发展阶段下政府在企业创新体系中的作用边界

根据行业生命周期理论，行业发展主要经历导入期、成长期、成熟期和衰退期四个阶段，不同阶段的市场竞争程度、技术发展水平、技术不确定性具有显著差异。

在行业发展导入期，市场竞争程度低，技术水平也较低，技术存在很大的不确定性，该阶段下政府的作用可能更多集中在引导和支持创新的初级阶段，通过引进外部技术和制定法规等方式来推动行业发展和企业创新。

在行业成长期，市场竞争程度逐渐增加，技术发展水平提高，技术不确定性降低，出现更多的研发投入和创新活动，政府可以通过提高研发资金和技术支持、建立创新孵化器等促进企业创新和技术升级。

在行业发展的成熟期，市场机制已较为完善，市场竞争相当激烈且技术水平较高，而行业技术也不断发展，技术不确定性减小。因此政府需要完成从全面统筹规划的主导作用到对市场机制进行支撑补位作用的转变。

在行业衰退期，市场竞争程度下降，技术发展停滞，技术不确定性程度变低，市场主体相继退出、规模不断缩小，政府需将注意力集中在调整和优化产业结构，改善市场环境以促进市场的恢复与重塑方面。

第5章

企业创新体系中政府的作用机制及其优化路径

本章旨在结合创新驱动发展的时代背景和我国“政府与市场”双元情境，从创新全过程（全链条）的视角入手，阐明企业创新体系中政府的作用机制及其优化路径，从而保障创新生态主体活力，优化市场关系，优化政府职能配置，提高政府效能。本章将紧密围绕市场导向创新体系的“多主体、多阶段、全过程”的特征，以不同角色和作用边界的政府作用方式分析为基础，厘清政府在企业创新体系中的作用机制，在动态多变的复杂环境下对其作用机制进行优化，为政府有效发挥政策制定者、创新激励者、资源协调者、产权保护者的独特作用提供详细的优化路径；与此同时，对政府在企业创新体系中的作用机制进行优化路径模型构建与虚拟仿真实现，以实现政府的支撑、催化和补位作用。

5.1 研究思路

政府作为创新体系中最为特殊的组成部分，会在不同情境、不同条件下通过不同方式和途径，对创新体系的构建、运行与演化全过程产生差异性影响。尤其是在企业创新体系中，政府与市场相互关联、相互影响的双元情境会让政府对创新体系的作用方式更为复杂多样。企业创新体系可以视为一个生态系统，其多元的生态主体、复杂的生态环境加之创新体系本身“多主体、多阶段、全过程”的特征，使政府在创新体系构建运行的过程中会产生多样化的作用机制。政府作用机制并非一成不变，在不同市场结构、不同技术领域（行业）、不同产业发展阶段等方面都存在差异，如何根据情境优化政府作用机制成为研究的关键问题，而探究具体的优化路径并构建路径模型成为研究的又一个重点。

本章首先从总体上对政府的引导、激励（企业创新动力激励机制）、协调、保护、控制等具体作用方式和作用机制进行设计与分析。其次，在动态多变的复杂环境下对政府作用机制进行优化研究，并构建路径优化模型和虚拟仿真实现。为了有条不紊地分析政府的作用机制及其优化，本章将包括以下研究问题：第一，基于企业创新体系中政府所扮演的不同角色以及政府的作用边界，从支撑、催化和补位等作用入手，分析政府作用方式的基本内涵，并比较中央政府和地方政府的作用方式差异；第二，在先前研究的基础上，结合政府作用方式分析，根据企业创新体系与生态系统的特征，从生态主体、生态环境、创新体系全链条与创新体系运行全过程等几个角度分析政府作用机制的内涵；第三，在明晰政府作用机制的基础上，结合制度理论，探索在动态多变的复杂环境下，企业创新体系中政府作用机制的优化机理，确保政府支撑、催化和补位作用得以发挥，并保障创新体系顺利构建与稳定运行；第四，尝试构建政府作用机制的优化路径模型，从而选择适当的优化路径，最终借由仿真实验验证模型的有效性。本章的研究思路如图 5－1 所示。

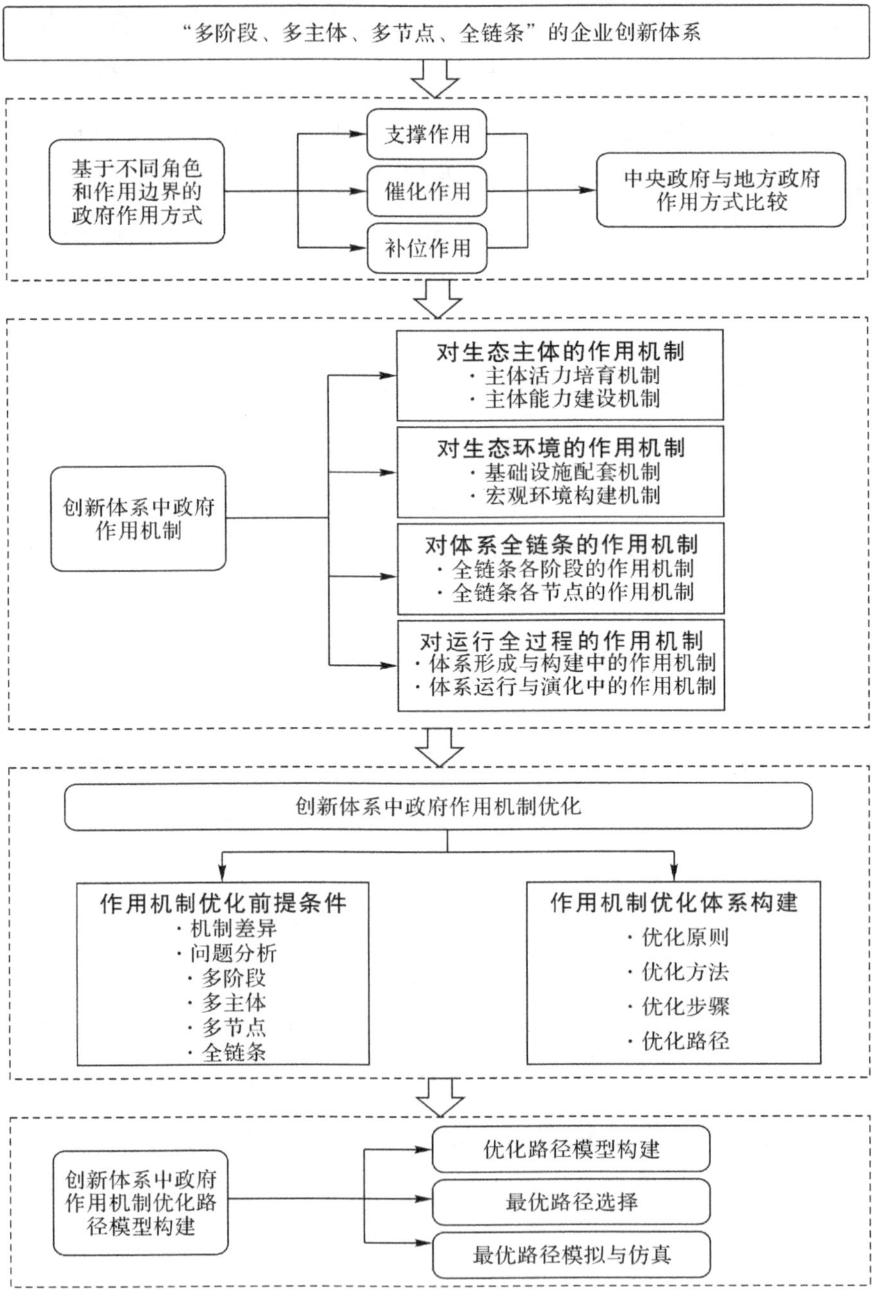
"多阶段、多主体、多节点、全链条"的企业创新体系
基于不同角色和作用边界的政府作用方式
支撑作用
催化作用
补位作用
中央政府与地方政府作用方式比较
创新体系中政府作用机制
对生态主体的作用机制
·主体活力培育机制
·主体能力建设机制
对生态环境的作用机制
·基础设施配套机制
·宏观环境构建机制
对体系全链条的作用机制
·全链条各阶段的作用机制
·全链条各节点的作用机制
对运行全过程的作用机制
·体系形成与构建中的作用机制
·体系运行与演化中的作用机制
创新体系中政府作用机制优化
作用机制优化前提条件
·机制差异
·问题分析
·多阶段
·多主体
·多节点
·全链条
作用机制优化体系构建
·优化原则
·优化方法
·优化步骤
·优化路径
创新体系中政府作用机制优化路径模型构建
优化路径模型构建
最优路径选择
最优路径模拟与仿真

图 5－1　第 5 章研究思路

5.2　研究方法

针对企业创新体系中政府作用机制及其优化路径研究，本章将采用以下研究方法。

1. 实证分析与规范分析相结合

本章对企业创新体系中政府的作用方式，不同情境和条件下、不同层级政府的作用机制以及作用机制的优化进行规范研究。通过模型和指标体系的构建，研究政府作用机制优化路径模型构建与路径选择。

2. 静态分析与动态分析相结合的方法

静态分析是分析事物在某一时间点或横截面上的状况和带有规律性的特征的方法，这种方法有助于认识事物的现状，有助于进行比较研究。动态分析是分析事物随着时间的推移而发生的变化和显现出来的规律的方法，这种方法更有利于揭示事物发展的规律。静态分析是动态分析的起点和基础，动态分析是静态分析的深化和发展。本章以静态的研究视角分析企业创新体系不同技术领域（行业）、不同产业发展阶段、创新链条不同阶段以及不同层级的政府作用机制；以动态分析的视角研究动态变化环境下政府作用机制存在的问题及其优化，反映企业创新体系中政府作用机制的动态规律。

3. 实验方法

对于政府作用机制优化路径模型采用仿真实验，达到为政府作用机制优化寻找最优路径的目的，有助于提出政策和策略建议。

5.3 企业创新体系中基于不同作用边界的政府作用方式

在企业创新体系中，政府会根据自身的角色定位与作用边界，结合具体情境，采取支撑、补位等一种或多种方式，保证企业创新体系成功构建与顺利运行。这些多样化的政府作用方式，不仅是政府作用的具体体现，还是研究政府多样化作用机制与路径的基石。此外，由于政府层级差异也会影响政府作用方式，因此识别并分析不同情境下不同层级政府的不同作用方式势在必行。

本部分立足于“政府与市场”的双元情境，结合已有的研究基础，以先前政府角色定位与作用边界分析为研究切入点，明晰企业创新体系中政府的作用方式；同时，结合政府的角色定位和作用边界差异，着力分析支撑作用、催化作用和补位作用等政府作用方式，同时比较同一创新体系中因政府层级产生的作用方式差异，为后续进一步分析政府的作用机制与作用路径奠定基础。

5.3.1 企业创新体系中政府的作用方式分析

不同于政府主导的创新体系中的完全统筹者和绝对控制者，政府在企业创新体系中更多扮演着参与者或辅助者的角色。具体而言，企业创新体系中的各要素遵循市场规律完成创新活动，政府无须对创新体系进行全方位调控。然而市场并非全能，创新体系很可能会因为市场力不能及而崩溃，必须由政府及时介入以保证体系稳定。因而在企业创新体系中，以市场对创新体系的作用效果为标准，政府将在创新体系中采取支撑、催化与补位等作用方式，保障企业创新系统稳定运行。

1. 支撑方式

当市场作为创新活动的发起者与主导者，且创新体系中市场作用完全发挥，各创新主体充分利用市场需求的拉力与市场竞争的推力，协同互动，创新活动得以高效有序地进行。此时政府作为创新系统的“支撑者”发挥支撑作用，通过激励主体创新行为、协调主体“竞合”关系等方式，推动创新活动的顺利进行，确保市场作用得以充分发挥，引导创新体系的建立或保障已有创新体系的稳定运行。本部分基于支撑作用的概念界定，结合政府作用边界，探究政府支撑作用的内涵，分析其所包含的政府功能（激励、引导、协调等）。其中激励功能是指政府通过提供各种激励措施，鼓励企业进行创新活动，这些激励措施可以包括财务支持、税收优惠、奖励制度等，政府通过这些措施刺激企业增加研发投入、加速技术创新，提高市场竞争力。引导功能是政府通过制度政策和规划，指导企业在特定领域进行创新。政府可以通过产业布局规划、技术转移支持等方式，引导企业在战略性新兴领域进行创新。协调功能是政府促进各利益相关方合作，促进创新资源的整合和协同。政府还可以建立创新网络、研究联盟、技术交流平台等，帮助企业突破创新瓶颈。

2. 催化方式

企业创新体系更注重发挥市场特性，并力图强化市场力量从而引导创新的产生与顺利完成。然而，市场的视野与力量比之政府仍旧有限，难以主动意识到甚至承担起具有全局性、统领性并关乎国计民生的创新活动。此时需要政府予以干预，发挥自身的催化作用。具体而言，由政府立项，明确创新的目标与方向，并通过政令政策保证市场作用得以最大限度发挥，同时调动体系内各创新主体的积极性，促使创新活动有条不紊地进行。政府通过拨款、设立基金或其他渠道向企业提供资金支持，以降低创新风险，鼓励企业加大研发投入，推动创新活动的开展；通过制定各类政策激励措施，包括税收优惠、创新奖励等，以增加企业参与创新的积极性，引导企业提高创新能力和创新水平；也可以通过优化创新环境，包括优化知识产权保护体系、加强创新人才培养等，为企业创新提供良好的外部环境。政府在催化作用中可能侧重于其中一个或多个功能，根据创新体系的发展阶段、国家政策目标和产业特点进行选择。例如，创新初期，政府更关注提供资金支持和创新平台的建设；而在创新发展成熟期，政府则更注重优化创新环境和促进合作与跨界创新。

3. 补位方式

创新体系中市场失灵，难以甚至无法发挥导向引领作用，创新活动无法顺利进行，引发创新体系的混乱与崩溃，此时政府必须以一个积极的"补位者"身份介入，暂代市场引导创新体系，通过监督创新主体、控制创新过程等方式保障创新活动的顺利进行，从而维持体系的稳定。此外，补位作用不仅仅是指政府通过补位完成市场难以完成的工作，还指政府通过主动退出或易位解决因自身干预过度而引发的"越位"与政府干预失当引发的"错位"问题。

政府在创新体系中的补位作用主要体现为信息补位，当市场中存在信息不对称时，政府通过设立信息平台、提供市场调研报告、发布统计数据等方式为创新主体提供信息，促进创新主体之间的交流与合作，减少由于信息不对称带来的不确定性。政府也可以通过制定相关规定和标准，监管市场中的不正当竞争、垄断行为等，确保市场环境的公平；完善和健全知识产权法律和政策来保护创新者的知识产权，鼓励其他创新者进行创新。这些功能的组合情况和组合偏重会因不同国家、不同地区经济、政治和文化背景而异。例如，发展中国家可能更注重基础设施建设和资金支持，以促进创新在起步阶段的发展；在成熟经济体中，政府可能更多关注知识产权保护、风险投资和市场透明度。

5.3.2 不同层级政府在企业创新体系中作用方式的差异

以往的研究表明，不同层级的政府会在企业创新体系中发挥不同的作用，而这种作用差异源于不同的层级引发的角色差异。在同一企业创新体系中，中央政府与地方政府的角色作用有时会具有差异。因此，需要结合之前对政府层级差异、角色定位和作用边界的研究，归纳同一创新体系内中央政府与地方政府之间各自的作用方式，比较两者作用方式与各自包含的政府功能的差异，并探讨层级差异对政府作用方式的具体影响，尝试思考层级差异对政府作用机理和作用路径的影响。

5.4 政府在企业创新体系中的作用机制

企业创新体系是一个具有多元生态主体、复杂生态环境的生态系统。探究政府在企业创新体系中的作用机制，首先，要建立在明确政府对企业创新体系中生态主体和生态环境作用机制的基础上；其次，根据市场导向创新体系全链条多阶段有序进行的特征，进一步分析政府在不同阶段和不同节点的作用机制，确保各阶段和各节点创新成果的产生与转化；最后，在“政府与市场”双元情境下，研究政府从形成构建到运行演化全过程的作用机制，突出生态主体间的“共生性”、生态系统的“生长性”特征。

5.4.1 政府对企业创新体系生态主体的作用机制

同任何实践活动都离不开实践主体一样，创新体系的良好运行也离不开创新体系的多元生态主体，诸如创新的过程、促进或阻碍创新的因素、政府与市场的作用以及创新政策的制定与实施等，究其实质都只不过是创新体系生态主体的行为结果而已。因此，只有确保创新体系的生态主体既有参与创新活动的意愿又有进行创新发明的能力，才能保证创新体系正常运行、卓有成效。

1. 主体活力培育机制

根据亚当·斯密的“经济人”假设，市场主体都是理性经济人，追逐利益是他们的天性。基于此，政府对企业创新体系的主体活力培育机制的出发点就是创新收益的保障。首先，政府需要提供创新主体的利益补偿机制，弥补创新的外部性带来的市场失灵问题。其次，政府需要建立创新收益的持续保障机制。创新成果具有不同程度的公共产品属性，必须寻求一种长期的制度安排（如知识产权保护制度和专利制度等），辅助市场确保创新主体能够在一定期限内对创新成果的收益享有独占权，增强其积极性。再次，政府还应构建创新主体创新风险的分担机制。创新是一项高风险的投资，不仅包含技术风险，也包含市场风险，需要建立一种鼓励冒险、允许失败的制度效应，降低创新主体创新意愿的不确定性。最后，产学研合作的信用机制也是必要的，信息不对称、激励不对称和风险不对称是当前我国产学研合作存在的突出问题，政府应当建立产学研合作监督制度、信用风险识别机制等，帮助合作创新的参与者恢复合作信任、增强合作信心，补位市场机制促进协同创新、完成创新成果转化。

2. 主体能力建设机制

从我国的创新实践来看，存在创新投入不足、创新人才缺乏、技术储备有限、设备先进程度不高以及科技成果转化率较低的问题（何雄伟，2020）。企业创新体系的生态主体具有多元多层级网络的特征，企业作为商业化阶段的核心主体，既离不开与产业链各环节的垂直沟通以及辅助环节的商品沟通，也离不开与创新体系全链条前端创新主体的知识与技术交流。因此，政府需要发挥其在资源供给和创新网络建设方面的辅助作用，构建主体能力建设机制。在创新资源供给方面，积极培育创新的资金支持机制，提供宽松的金融政策，构建鼓励创新、支持创新的金融环境；持续发力创新的人才支持机制，落实和优化义务教育制度，利用人力资本补贴政策和股票期权制度，为企业创新体系输送创新人力资本；建立知识和技术源供给机制，通过知识、技术服务向企业扩散技术，为企业（特别是中小企业）创新提供关键共性技术和前沿引领技术补给，奠定良好的技术支撑基础。

5.4.2 政府对企业创新体系生态环境的作用机制

企业创新体系是创新要素集聚并聚合反应、创新主体网络形成并拓展的开放系统，必须关注营造有利于开放条件下创新要素集群栖息、创新主体网络健康生长的生态环境，要求相应的促进创新生态的战略谋划和政策支撑体系。根据第3章的研究，企业创新体系生态环境的构成是依据实际创新链条各环节的信息、资金、人才、技术微观要素需求和经济、政治、文化、法律宏观环境要求确定的，具体可以分为基础设施配套等硬环境因素和政治、经济、文化、法律等软环境因素。所以，为优化创新生态环境，政府需要发挥其基础设施配套和宏观环境构建的政策功能。

1.基础设施配套

政府应该着力强化基础设施配套建设，为企业创新体系的顺利构建、健康运行和动态演化提供有效支持。

(1)创新基地与平台构筑机制。基础平台的建设具有投资高、周期长的特点，高风险和不确定性使企业难以涉足，必须由政府主导规划。政府除了建设交通、网络等必要设施外，还要建设国家实验室、科研基础设施和大型科学仪器、自然科技资源和科学数据共享平台以及成果转化公共服务平台等，建立和完善国家科研基地与科研基础设施向企业和社会开放共享的机制及制度，为创新提供更全面的服务。

(2)科技信息服务机制。发达国家创新体系发展已经较为成熟，国家信息基础设施的建设非常完善，因而政府需要通过成立国家科技图书文献中心、建设数字图书馆、完善技术中介机构和情报机构等为创新活动提供技术咨询和信息咨询等服务，实现资源有效共享和信息充分利用，以实现其最大的社会效益和经济效益。

2. 宏观环境构建

宏观环境是影响创新的重要力量，包括政治、经济、文化、法律四个方面。构筑良好的宏观支撑环境，有助于促进创新活动的顺利开展(高培勇 等，2022)。

首先，政治方面，构建创新制度环境保障机制。这里所指的创新制度是国家层面的正式制度体系，主要包括科技制度、产权制度和投融资制度。政府通过深化科研机构改革、创新科技管理体制，建立现代科研院所制度，完善科研评估制度和产学研合作制度；在知识产权制度方面，政府要建立健全知识产权保护法律体系，完善以产权制度为核心的现代企业制度；在投融资制度方面，着力建立有效的信用担保制度，完善风险投资制度和退出机制，为风险投资的发展创造良好的环境。

其次，经济方面，形成市场竞争构建机制，促进市场力量的壮大。政府要维护市场秩序，监督和清理垄断，致力于构建竞争有序的市场结构；以产权为基础、法律为保障，建立信用评估机制，使创新主体间形成相互信任的诚信市场环境。

再次，文化方面，形成创新文化氛围营造机制。政府必须加强教育与宣传，培育创新文化价值观，倡导合作文化和共赢文化，形成一套比较完善的创新人才选拔、吸引、培养、支持与组织管理的制度文化，为创新主体的创新活动提供文化支撑。

最后，法律方面，构建创新政策法规制定机制。政府不仅在国家法律的框架下，通过法定程序将有关创新政策上升为法律法规，还要根据需要及时制定相关法律法规，为创新提供有法可依的保护措施。

5.4.3　政府对企业创新体系全链条的作用机制

企业创新体系是创新主体网络、创新过程链条交互的复杂系统，这就要求政府必须重视创新成果在各阶段、各主体间的形成与转化，配合市场机制促进创新生态主体间协同、完成各阶段的创新成果，引导创新生态主体间跨阶段协作、完成各节点的成果转化。

1.政府在企业创新体系全链条各阶段的作用机制

企业创新体系的运行是通过基础研究到商业化各个阶段有序进行的。每一阶段，创新体系的生态主体交互协作，共同参与创新成果的形成。在多主体协同合作的过程中，市场机制推进主体间合作，引导创新活动，配置创新资源，分配创新收益。政府在其中穿插作用，在市场机制运行良好的阶段辅助市场培育主体能力，提供基础设施配套，构建创新宏观环境；在市场失灵的情况下，例如基础应用研究阶段创新主体的活力培育市场解决不了，政府应当积极补位市场机制，发挥政府对企业创新体系的主体活力培育作用。

2.政府在企业创新体系全链条各节点的作用机制

企业创新体系全链条的各个阶段并非孤立存在，而是通过节点逐一连接,形成环环相扣、密不可分的整体。这些节点是创新体系全链条的重要组成部分,连接着上一阶段的输出与下一阶段的输入,在相当程度上决定了整条创新链的效率。创新体系全链条的每个节点都是一次创新成果转化的过程,基础研究阶段到应用研究阶段节点处是科学知识到技术发明的转化,应用研究阶段到试验开发阶段节点处是技术发明到可以商业化的知识或技术的转化,最终试验开发阶段到商业化阶段节点处是知识、技术向创新产品的转化。创新成果转化的过程涉及创新资源配置、生态主体跨阶段协同、创新收益分配等问题,在市场机制运行下,大部分问题能够得到圆满解决,但诸如产学研合作的信息不对称等问题仍然有待解决,需要政府发挥补位作用,针对出现的具体问题制定相应的政策应对,如针对上述提到的信息不对称问题,政府应构建产学研合作信用机制,识别信用风险,进行合作监督。

5.4.4 政府对企业创新体系全过程的作用机制

企业创新体系是不断演化和自我超越的“生长性”系统,“政府与市场”的双元情境贯穿其从形成与构建到运行与演化的全过程。在企业创新体系的形成与构建过程中,政府要辅助市场构建市场导向创新体系的驱动机制、约束条件、伙伴选择机制和形成决策机制,辅助各生态主体在市场力量引导下建立协同合作关系,构成多元多层级的生态主体网络;在企业创新体系的运行与演化过程中,政府与市场交互作用,强调在市场机制、市场精神基础上的政府的能动作用,市场能解决的地方政府支撑、市场失灵的情况政府积极补位。

5.5　政府在企业创新体系中作用机制的优化机理

本部分旨在基于制度理论，探索在动态多变的复杂环境下，政府在企业创新体系中的作用机制优化机理，以切实发挥政府的支撑、催化和补位作用，促进市场导向创新体系构建及运行成功。通过大规模调查和典型案例分析，了解市场导向条件下政府对创新体系作用机制在不同市场结构、不同条件、不同技术领域、不同产业发展阶段的差异，并分析政府作用存在的问题，从中总结出政府作用机制优化的一般状况和特殊之处，为下一步政府作用机制优化体系构建研究提供分析基础。

5.5.1　政府在企业创新体系中作用机制的优化前提

市场导向下创新体系面临的最根本变化在于创新资源由市场配置、创新主体由市场选择、创新过程由市场推动、创新收益由市场分配，政府在企业创新体系中更多是发挥支撑、催化和补位作用。但是政府的作用机制在不同情境下存在差异或面临问题，因此要对政府作用机制进行优化。

1. 情境变化条件下政府在企业创新体系中的作用机制差异

企业创新体系会面临动态多变的复杂环境，在市场结构、市场有效还是失灵、技术领域、产业发展阶段等不同条件下，由于情境发生改变，因而政府作用机制需要根据复杂多变的环境而动态优化，政府作用机制发挥的时点、程度和范围都需进一步优化，以更好地促进企业创新体系中创新资源的自由流动、创新主体的高效协同、创新活动的积极开展以及创新收益的合理分配。

2. 政府在企业创新体系中作用机制存在的问题分析

本部分研究主要识别市场导向背景下基于不同角色和作用边界，政府作用所面临的外部环境压力与内部问题和挑战，辨明在市场导向创新体系中政府作用机制需要进一步优化的根本原因，为后续探究作用机制优化路径及其虚拟仿真实现等关键问题奠定基础。

(1)多阶段：通过整合现有文献的各种创新体系阶段论观点，本书将市场导向创新链条划分为基础研究、应用研究、试验开发和商业化四个阶段。这四个阶段缺一不可，需要共同作用以有效提高全链条的创新效率。根据“木桶原理”，在创新体系中，决定创新体系基本水平的是创新体系各阶段的薄弱环节。在动态变化的复杂环境下，这些薄弱环节问题更易凸显，甚至造成创新的失败。因此，政府更应全面关注创新链条的薄弱环节，重点完善和提升这些薄弱环节中的政府作用机制，了解每个阶段政府作用机制是否有阈值以及阈值约束，研究怎样将其调整在可控限度内，力图提升市场导向创新体系的效率。

(2)多主体：现有研究认为，创新是一种交互的学习过程，是不同生态主体相互作用的产物。在企业创新体系中，每一个阶段都是由多个主体共同参与、共同作用、共同完成的。这些主体包括政府、高校、科研院所、企业、金融机构、中介机构等。其中，企业成为技术创新的主体，科研院所和高校是创新的源头和最主要的知识创新主体，中介机构是搭建科研部门和企业有效沟通的桥梁。然而，由于各创新生态主体的创新目的不一，动态多变的环境导致各主体容易产生利益冲突，进而降低创新动力。因此，政府要弄清创新体系每一阶段上创新主体的流动性、关联性及交互规律，优化作用机制以激发各阶段的参与主体持续创新的动力。

(3)多节点:市场导向创新体系的各个阶段并非孤立存在,而是通过节点相互连接,形成环环相扣、密不可分的整体(赵艺璇 等,2023)。这些节点是创新体系的重要组成部分,连接着上一个阶段的输出与下一个阶段的输入,在相当程度上决定了整个创新体系的效率。当创新体系中的一个或多个节点较为薄弱时,它们所连接阶段之间的创新传递就会出现问题;而当一个或多个节点出现断裂时,会导致整个创新体系的中断。在环境变化时,某些薄弱节点更易出现断裂(比如基础研究与应用研究脱节、科技成果转化率低等)。这就要求政府针对薄弱节点不断优化作用机制,通过资源重新分配等方式积极应对与改善,有效提升市场导向创新体系效率。

(4)全链条:基于系统论的全局视角,本书将市场导向创新体系的全链条运行规律归结为具有“过程性、整体性和演化性”等特性的创新体系。由于该创新链条具有动态演化的特性,政府需要总览整个创新链条的不稳定性、节点的跳跃性和信息的不对称性以优化作用机制,通过合理的优化调度实现创新体系全链条的不断演化。

5.5.2　政府在企业创新体系中作用机制的优化体系构建

政府在市场导向创新体系中的功能定位与作用边界不仅决定了政府需要发挥多种作用机制,在动态多变的复杂环境下,更意味着政府必须不断调整作用机制并对其进行优化,从而构建不同的优化路径。本部分基于系统论的全局视角,从优化原则、优化方法、优化步骤、优化路径等方面构建基于动态多变环境的政府作用机制优化体系,如图 5-2 所示。

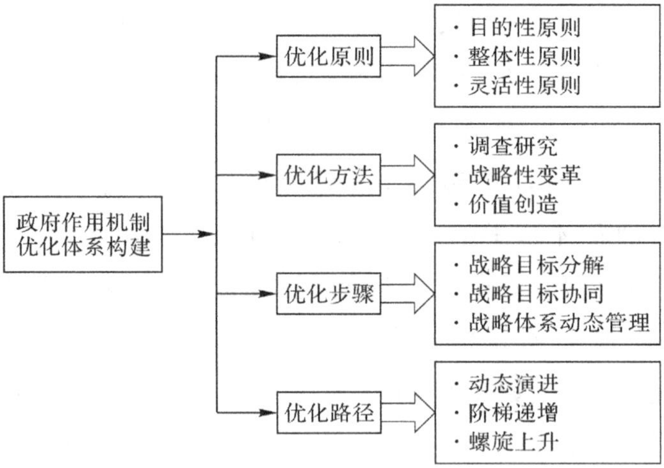

图 5-2　企业创新体系中政府作用机制优化体系构建

1. 优化原则

在具体的优化过程中，我们将遵循目的性原则、整体性原则和灵活性原则来构建政府作用机制优化体系：

(1)目的性原则是指企业创新体系中政府作用机制优化体系的构建要能够保障政府充分发挥其支撑、催化和补位作用。

(2)整体性原则要求政府作用机制优化体系的构建不仅要满足创新链条“多主体、多节点、全链条”特征，还要考虑创新体系“多层级、多阶段、全过程”的整体价值创造。

(3)灵活性原则要求政府作用机制优化体系的构建是一个持续发展、动态变化的过程，需要在市场导向中不断进行调整。

2. 优化方法

在具体的优化过程中，我们将采用以下方法：

(1)调查研究。通过深入调查，分析创新驱动发展战略背景下的市场动态、竞争形势、创新生态主体自身优劣条件，充分掌握详尽全面的信息。

(2)战略性变革。通过建立有效的沟通模式,提高创新体系的构建、运行效率和可行性,确保生态主体达成战略共识,行动一致,对战略目标分段执行,步步落实。

(3)价值创造。将辨析创新生态主体价值的重要性与存续性作为基础,抓住发展要点,促进资源调配在全生命周期价值创造中的最优化。

3. 优化步骤

具体的优化步骤如下:

(1)清晰描述政府作用机制优化的目标,对其在各层级、各阶段与全过程等多方面的优化目标进行分解。

(2)结合作用机制优化目标的多方面分解,在全生命周期的价值创造过程中实现优化目标的全方位战略协同。

(3)定期回顾创新体系的运行情况,纠正执行偏差,同时结合市场导向的新要求与新变化,及时修正优化目标与路径,实现对政府作用机制优化体系的全生命周期动态管理。

4. 优化路径

政府的作用机制优化体系是一个动态演进、阶梯递增、螺旋上升的过程。在此过程中,需要弄清以下问题:怎样整合创新过程中“多主体、多阶段、全过程”的特征以形成市场导向创新体系下政府作用机制的全方位优化?如何根据政府在市场导向创新体系中的角色特性与作用边界及其持续变动对作用机制优化路径进行调整?政府如何在构建作用机制优化体系过程中紧密结合价值创造的要求,实现价值增值持续进行?

5.6　政府作用机制优化路径模型构建与虚拟仿真实现

企业创新体系本身是一个复杂、系统的动态过程,其外部生态环境更是动态多变的,诸多不确定因素使得政府作用机制优化路径具有多样性。考虑到政府作用机制优化路径的多样性和复杂性以及优化政府行为具有的不可逆性，为了帮助政府决策的科学性和合理性，对政府作用机制优化路径进行模型构建、最优路径选择以及虚拟仿真实验的研究是解决动态多变环境下政府作用机制优化问题必不可少的组成部分。

5.6.1 企业创新体系中政府作用机制优化路径模型构建

企业创新体系具有的“多主体、多阶段、全过程”特征，使得政府的作用在不同市场结构、不同技术领域（行业）、不同产业发展阶段、创新链的不同阶段以及创新体系构建和运行全过程呈现差异化，甚至中央政府和地方政府的作用机制也有很大差别，加上动态多变的环境，就导致政府作用机制优化路径非常复杂和多样，可能存在多条可行路径。结合政府作用机制优化目标和路径复杂度等因素，构建政府作用机制优化路径选择的多目标规划模型，为下一步最优路径研究奠定基础。

5.6.2 企业创新体系中政府作用机制优化路径选择

路径选择问题是对多条可行路径的综合评价问题，通过综合评价排定所有可行路径的优劣顺序，并选择评价结果最优的路径。在动态多变环境下对政府作用机制优化存在多条合理的路径，因此需要在多条合理优化路径中选择最优路径。然而路径选择受到多种相互关联又相互制约因素的影响，是一个复杂的系统问题，综合考虑政府作用机制优化目标、成本和可行性等影响优化路径选择的各种因素，构建包含动态和静态层面的最优路径评价指标体系，设计多目标数学算法求解政府作用机制优化路径模型，对多条合理路径评定优劣顺序，提供最优路径的建议，以帮助政府提升决策的科学性和合理性。

5.6.3 企业创新体系中政府作用机制最优路径模拟与仿真

对于企业创新生态系统，很难在这一真实的系统上进行实验。政府决策一旦做出并实施便具有不可逆性，而且伴随着较高的成本和风险(高振娟 等，2021)。在这种情况下，为了了解政府作用机制优化的最优路径是否能够达到预期要求和目标，仿真就成了最佳可供选择的测试、评估和验证手段之一，在研究系统方面具有极为重要的意义。通过建立仿真模型，对动态环境下企业创新体系中政府作用机制优化的最优路径进行仿真模拟分析，进一步证实模型和算法的有效性，达到为政府作用机制优化寻找最优路径，以为政府决策提供科学依据和理论支持。

第 6 章

企业创新体系良性运转的制度保障与评价体系

本章旨在厘清确保创新体系面向市场导向顺利运行的制度保障，有效培育中国市场导向创新体系的制度新动能，并对创新体系中市场与政府的绩效进行评估，提供有效激发整体创新活力的政策建议。借鉴西方国家创新体系等已有的政策框架，紧扣中国实际，构建企业创新体系中政府的制度保障体系，以明确政府在市场导向创新体系中的有效制度供给，有效培育制度新动能；并尝试系统评价上述制度保障体系对市场导向创新体系的支撑效应，与此同时，评价以市场为导向的创新体系的运行效果与政府和市场的绩效，以期在企业创新体系下，为政府服务、改善营商环境提供实践指导和政策建议。

6.1 研究思路

在创新引领发展的时代背景下，政府应提供怎样的政策与制度以保障企业创新体系的顺利运行？为确保政府的政策供给和制度体系能够有效支撑企业创新体系发展，政府如何做到“有所为、有所不为”？如何构建企业创新体系的全方位制度保障体系并对其体制机制进行系统优化，以有效培育创新发展的制度新动能？这些问题是本章将要进行研究的重点内容。如何对面向市场的创新体系的运行效果进行系统评价，从而给出有效的实践指导和政策建议是另一个需要解决的关键问题。本章的研究思路如图 6－1 所示。

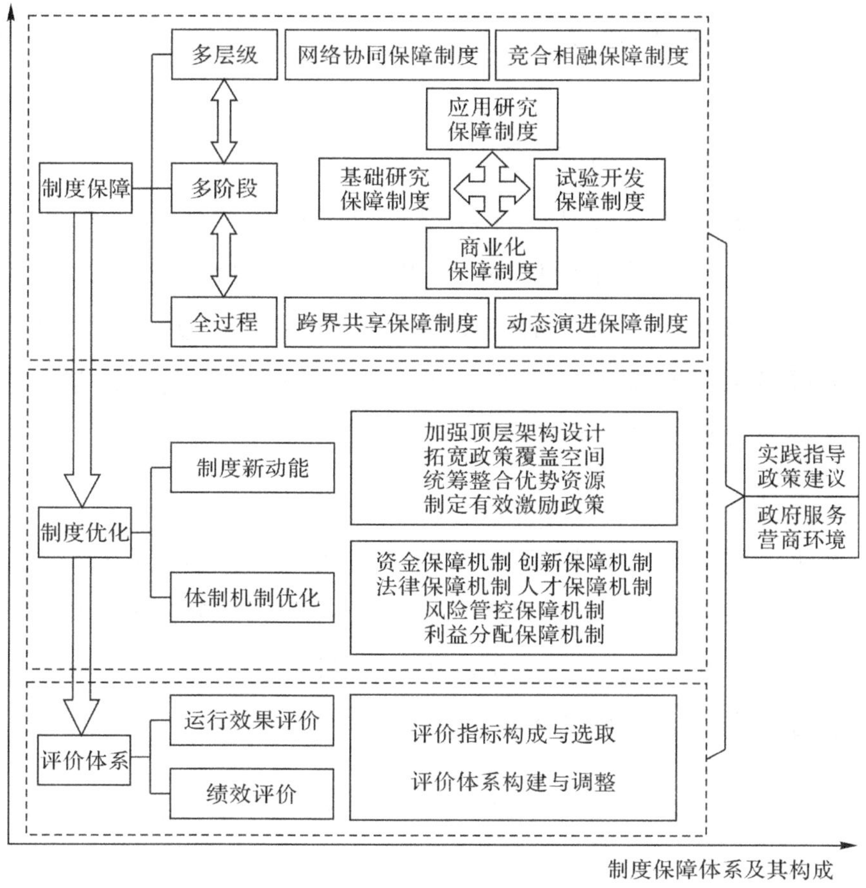

图 6－1　第 6 章研究思路

6.2　研究方法

针对企业创新体系良性运转的制度保障与评价体系，本章的研究方法如下。

1.调查研究和案例分析

通过对典型创新参与主体中代表性企业和政府相关部门负责人访谈以及收集近些年的创新相关政策，结合直接观察及档案调阅等方式搜集到的资料和数据，分析总结政府在其中的政策与制度保障建设。

2.计量分析和实验研究

以企业创新体系的制度保障及政府和市场绩效为切入点，设计企业创新生态系统的评价体系，利用计量方法对涉及的创新体系运行的制度保障效果以及政府和市场绩效予以评价，并注意评价体系对制度保障机制和绩效的反馈条件，需要经过多轮循环改进才能最终确立科学合理的评价体系。

3.政策研究

基于公共政策分析模型与工具等方式，汇总近年来创新政策以及网络上公开的政府部门相关报道，对企业创新政策和制度保障的调研、制定、分析、筛选、实施和评价的全过程进行研究，对制度保障体系的效果和本质进行具体分析。

6.3 企业创新体系良性运转的制度保障体系

制度是新制度经济学的核心概念，也是制度分析创新驱动发展战略背景下“政、产、学、研、金、服”等创新生态主体协同合作的理论基石和逻辑起点。制度包括非正式约束(例如行事准则、行为规范以及惯例)和正式规则(例如法律、政治规则、经济规则和契约)。在构建企业创新体系制度保障的问题背景下，制度为政府、企业、高校、科研院所、金融机构和中介机构等生态主体提供了行为约束的法则，这些法则不仅规范着生态主体自身的行为，而且调节着生态主体之间的互动关系。如果希望系统性提升市场导向创新体系的效率和效果，基于制度研究的政策保障是关键内容与核心要务。本部分以新制度经济学的相关理论为基础，运用制度理论的内容（例如制度结构与制度变迁等），探索如何减少市场导向创新体系生态主体之间的信息不对称，降低创新过程的交易成本和机会主义行为，加强生态主体之间的沟通与协作，增进彼此的了解与信任，使得生态主体之间能够真正体现出创新生态体系的共生演化关系，为企业创新体系的顺利进行提供良好的环境；探索如何构建面向市场的创新体系的制度保障体系，为企业创新体系提供良好的制度环境。本部分研究设计的企业创新体系的制度保障体系如图 6－2 所示。

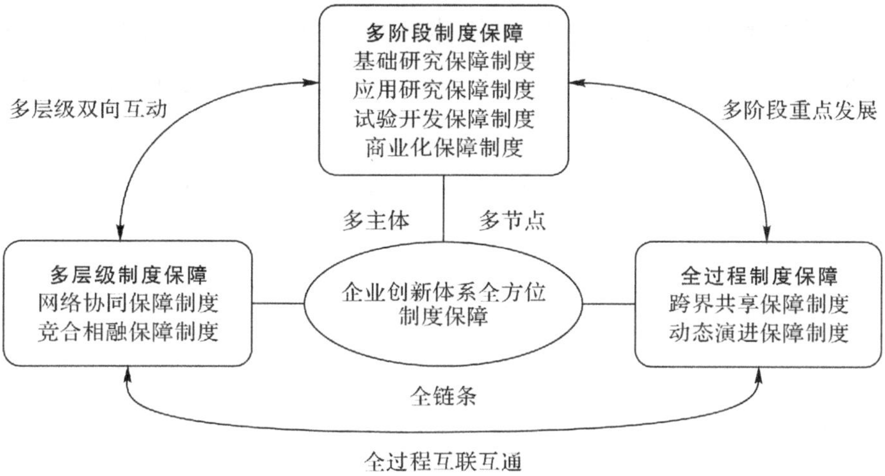

图 6－2　市场导向下创新体系的制度保障体系

通过多种制度保障，确保以市场为导向，促使政府在企业创新体系构建、运行与演化的全过程中真正做到“有所为、有所不为”。①多层级制度保障。基于市场导向创新体系的多层级特征，构建网络协同保障制度和竞合相融保障制度，以保障创新体系中生态主体的共生与协同。②多阶段制度保障。基于市场导向创新体系的多阶段特征，构建使各阶段的功能正常运转的保障制度，主要包括政府在基础研究、应用研究、试验开发、商业化四个创新阶段中的具体保障制度，形成决策、支持与执行的创新体系多阶段制度保障。③全过程制度保障。基于市场导向创新体系的全过程特征，构建跨界共享保障制度和动态演进保障制度，使企业创新体系内生态主体跨边界协同，在各层级达到跨界共享，形成决策、支持与执行的互动式反馈以及创新体系全过程的螺旋式上升，主要为各生态主体能够及时响应创新体系的动态变化提供保障。

6.4 企业创新体系良性运转的制度优化机制

制度新动能是市场导向条件下促进创新体系有效运行的制度保障的新动力和新能量。企业创新体系要靠企业、政府等各个生态主体方向正确且高效的行为，而各个生态主体的行为受良好制度的引导。当旧的动能式微后，就必须寻找新的动能，而在创新引领发展时代，没有新动能就没有新发展，因此要有效培育市场导向创新体系的制度新动能，并对体制机制进行优化，具体如图 6－3 所示。

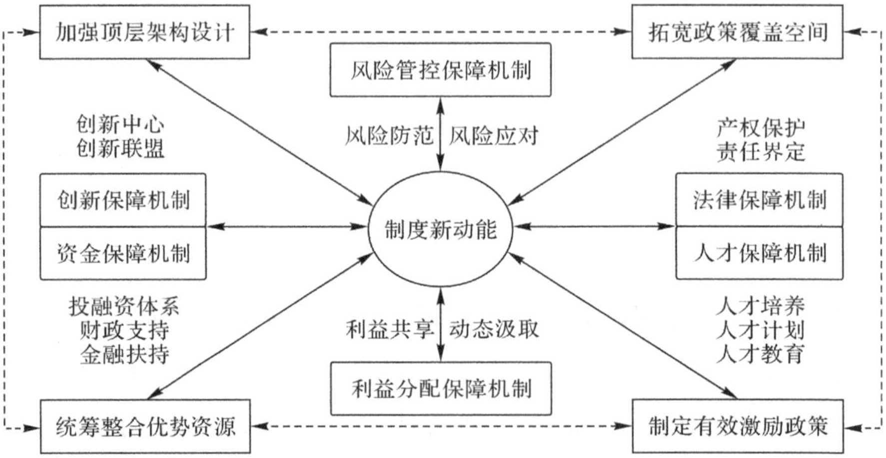

图 6－3 市场导向创新体系的制度新动能与体制机制优化

6.4.1　市场导向下企业创新体系的制度新动能

1. 加强顶层架构设计

政府应构建适合我国国情的市场导向创新体系的顶层架构体系，将创新驱动发展作为长期坚持的战略任务，分类分层指导，分行业、分步骤持续推进。针对市场导向创新体系的薄弱与关键环节，系统部署关键技术装备创新、试点示范、标准化、互联网建设等系列举措，推进创新体系的有效运行。

2. 拓宽政策覆盖空间

政府应制定覆盖市场导向创新体系价值创造增值的政策体系。由于创新体系涉及创新链较长，跨越多个产业，因此需要加强统筹协调，避免由于政出多家，导致政策碎片化，从而难以形成系统性的政策合力。

3. 统筹整合优势资源

政府应统筹整合社会各方面资源，形成全社会共同推进创新引领发展的合力。合理配置资源使要素互联互通、价值协同共创、收益动态汲取，最终使市场导向创新体系能够达到资源共用、价值共创、风险共担、利益共享的目标。

4. 制定有效激励政策

政府应强化企业的市场主体地位，形成公平竞争的市场发展环境，产、学、研、用协同创新，使有效激励成为推进市场导向创新体系顺利运行的内生动力。同时，政府应发挥在规划布局、政策引导等方面的积极作用，调动各方积极性，激发创新生态主体在市场导向创新体系中的新活力。

6.4.2 企业创新体系良性运转的体制机制优化

对创新引领发展的新时代下政府在企业创新体系中的体制机制进行优化，其目的在于充分发挥政府的组织协调作用，不该政府做的，政府不要干预，政府应该做而没有做的，需要做起来。与此同时以市场导向为助力，使构建的创新体系能够顺利运行。下面从资金、创新、法律、人才、风险管控、利益分配等方面的体制机制进行优化分析。

1. 资金保障机制

优化资金保障机制是市场导向创新体系的基础保障(周卫军 等，2018)。因此，应强化金融财税支撑，形成有利于创新体系的金融财税政策体系。首先，加大政府的财政支持力度，充分利用现有资金渠道对市场导向创新体系予以支持。其次，创新金融扶持方式，在发挥国家财政投入引导作用的同时，吸引社会资本，建立多元化、多层次、多渠道的市场化投融资体系。

2. 创新保障机制

优化创新政策体系，打造跨部门、跨区域、跨行业合作的创新体系以促进创新发展(周密 等，2022)。创新保障机制需要建设若干创新中心，开展关键共性技术研发，引导企业、高校、科研院所、用户等主体组建创新联盟，推动创新资源向企业集聚。

3. 法律保障机制

优化有助于市场导向创新体系的法律保障机制，如大数据下的产权保障、人工智能的责任界定等。法律保障机制需要从企业数据保护、个人数据保护、法律责任承担、网络安全、共享经济等多个方面加强立法跟进，加强法律法规的执行。

4. 人才保障机制

人才保障机制需要健全人才培养机制，培养一批能够突破关键技术的高层次领军人才，既擅长企业管理又熟悉行业技术的复合型人才，能够开展技术开发、技术改进、业务指导的专业技术人才，以及门类齐全、技艺精湛、爱岗敬业的高技能人才等。创新技术技能人才教育培训模式，促进企业和院校成为技术技能人才培养的"双主体"。

5. 风险管控保障机制

当前，面向市场的创新体系下风险管控体系不健全，政府应制定风险防范政策，建立风险管控保障体系，着力提升关键技术装备安全可控能力，增强基础支撑能力，提升集成应用水平；依托重点工程项目，推动重大技术装备推广应用及保险补偿试点工作，完善承保理赔机制；支持装备制造企业扩大直接融资，发展应收账款融资，降低企业财务成本。

6. 利益分配保障机制

优化利益分配保障机制是市场导向创新体系的结果保障。政府应制定合理的收益分配政策推进企业创新体系的顺利运行。首先，应准确把握创新发展规律，立足国情，因势利导，选择典型行业中的代表性企业首先开展创新实践，引导行业循序渐进面向市场推进创新。其次，针对不同地区、行业、企业发展基础、阶段和水平差异，加强分类施策、分层指导，加快推动传统行业改造、重点领域升级，最终达到利益共享。

6.5　企业创新体系运行效果的评价体系

基于制度保障体系及其体制机制优化分析，构建一个面向市场的创新体系运转效果的评价体系，其目的是更好地改进现有的制度保障体系，切实发挥制度在市场导向创新体系中的保障作用。评价机制应主要考虑制度体系是否充分发挥了政府在市场导向创新体系中的保障作用，解决各创新生态主体对制度体系的适应性和反馈状况，以及是否促进了市场导向条件下企业的长远发展。企业创新体系运转效果以及制度保障效果的动态变化如图 6－4 所示。

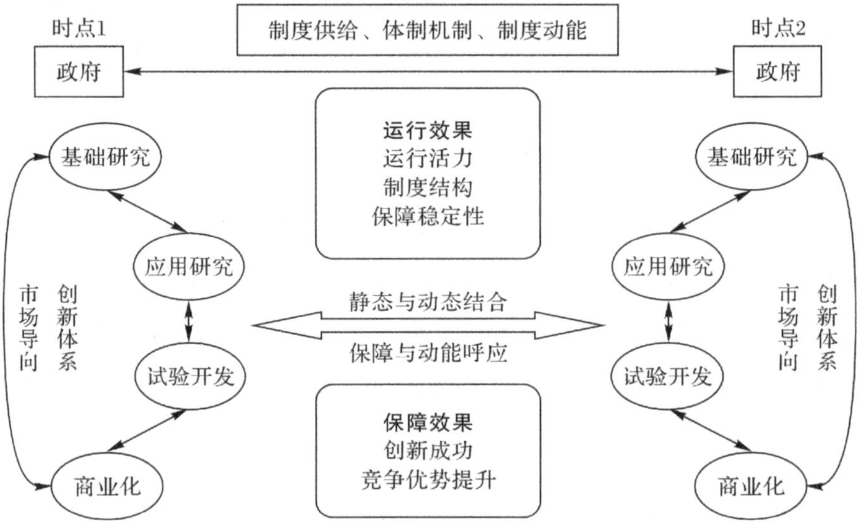

图 6－4　企业创新体系运转效果评价

6.5.1　企业创新体系运行效果评价

本部分立足于企业创新体系的制度环境障碍、政策制度落实执行的难点、机制瓶颈以及国外制度建设的成功经验，聚焦制度供给不足、体制机制不完善、制度动能的转换等关键问题，以市场导向为出发点，对创新体系的运行效果做出评价。主要基于制度保障体系的建设和制度优化的政策取向和条件机制，构建对创新体系运行效果的评价体系，从创新体系的“运行活力、制度结构、保障稳定性”三个方面选取合适的创新体系运行效果的评价指标，具体包括评价指标的构成、选取方式等。运行活力考察创新体系中的创新活动程度、创新成果产出、创新投入以及创新者的创业意愿等指标，具体评价指标可以包括创新指标、研发投入指标、创新企业数量和活跃度等；制度结构评估创新体系中的政策法规、机制设计以及组织结构等方面的运行情况，可以考虑政策的制定和执行情况、科技创新支持机制等指标；保障稳定性考察创新体系的安全性、稳定性和可持续性，具体评价指标可以包括知识产权保护度、政策的稳定性和可预期性、人才培养等指标。运行效果评价体系的构建过程不仅包含政府这一主体的认知问题、管理问题，还包括制度问题、经济问题、技术问题和法律问题，需要未来研究逐一聚焦突破。

6.5.2　企业创新体系中政府绩效和市场绩效评价

作为我国“政府与市场”双元情境中的一种特殊力量，制度能够调节生态环境的运作，而政府制度保障的焦点也是生态主体与其互动关系的有效调节效能发挥。制度体系通过保障市场导向创新体系的实践促使企业等主体增强竞争优势，因而评价企业创新体系中政府与市场的绩效是创新体系运行效果评价体系中不可或缺的重要环节。

政府的绩效评价主要包括政策导向的有效性、政府服务的质量和效率、政府资源的合理配置以及政府的监管和引导作用等方面，政府在创新体系中的绩效表现可以通过政府出台的创新政策和措施的实施情况、创新资源的配置情况等来评价。市场的绩效评价主要包括市场竞争程度、市场信息透明度、市场机制的灵活性和效率等方面，市场在创新体系中的绩效表现可以通过企业的创新活动情况、市场的创新成果产出情况来评价。评价政府和市场在创新体系中的绩效表现需要综合考虑政府和市场在创新体系中的作用和互动关系，只有政府和市场相互配合和协调，才能推动创新体系的构建和运行。

第7章

企业创新体系良性运转的实践指导与政策建议

7.1 研究结论

7.1.1 企业创新体系中政府作用机制与职能优化

政府作为创新体系中最为特殊的组成部分，能够在不同情境下通过不同方式，对创新体系的形成、运行和演化全过程产生重要影响。尤其在我国“政府与市场”双元情境下，政府与市场在企业创新体系中存在相互关联、相互影响的紧密关系，这使得政府对创新体系的作用方式更为复杂多样。在创新全链条的每个阶段，政府会根据自身的角色定位与作用边界，采取引导、协调、激励、保护、控制等一种或多种方式，保证企业创新体系的成功构建与顺利运行。这些多样化的政府作用方式，不仅是政府发挥作用的具体体现，还是研究政府多样化作用机制与路径的基石。此外，在动态多变环境中，市场结构、情境条件、技术领域和产业发展情况等发生变化，都可能会导致政府的某些作用机制出现低效、失效甚至消极作用等问题，需要不断对政府职能和作用机制进行优化，以保证市场导向下创新体系的健康运行和正常演化。

企业创新体系中政府作用机制与职能优化研究包含两个方面的内容：①企业创新体系中政府作用机制研究。企业创新体系是一个具有多元生态主体、多个创新阶段、复杂生态环境的生态系统，本书根据企业创新体系“多主体、多阶段、全过程”的特征，在明确政府对企业创新体系中生态主体和生态环境作用机制的基础上，探究了政府在创新全链条不同阶段和不同节点的作用机制，并在“政府与市场”双元情境下，弄清了政府在创新体系的形成、运行及演化全过程中的作用机制。②企业创新体系中政府职能和机制优化研究。创新生态系统具有自主演化的特征，且其外部环境是动态多变的，本书根据市场导向条件下政府对创新体系作用机制在不同市场结构、不同情境条件、技术领域、产业发展阶段下的差异，分析政府作用方式存在的问题，探究了政府在企业创新体系中的作用机制优化路径，并对政府作用机制优化路径进行模型构建、最优路径选择以及虚拟仿真实验，实现动态多变环境下政府作用机制与职能的优化。

7.1.2 企业创新体系的制度保障与评价

在构建企业创新体系制度保障的问题背景下，制度是指调节创新过程中每一类生态主体角色定位和行为模式，以及生态主体之间互动关系的法律、政策、规范和指导意见等，为政府、企业、科研院所、金融机构和中介机构等生态主体提供了行为约束的法则。这些制度不仅来自国家相关部门，如科技部和教育部，也来自地方政府，同时也来自作为创新主体的企业本身。在生态环境中，最重要的是生态主体和生态主体之间的互动关系。制度能够调节生态环境的运作，因此制度保障的焦点也是生态主体与其互动关系的有效调节效能的发挥。

本书制度保障与评价研究主要包含两个方面：①市场导向下创新体系的制度保障研究。以政府导向驱动的创新体系，生态主体之间的关系是一种行政性关系；以市场关系驱动的创新过程，生态主体间应当是一种供求关系。为了系统性提升市场导向下创新体系的运行效率和效果，本书探究了降低市场导向创新体系生态主体之间的信息不对称，降低创新过程的交易成本和机会主义行为，加强生态主体之间的良性互动，保证创新生态体系的共生演化关系，有效培育中国市场导向创新体系的制度新动能，为企业创新体系的顺利运行和正常演化提供良好的制度环境。②市场导向下创新体系的评价体系研究。制度环境能否促进创新体系的良性运转，需要对创新体系中市场与政府的绩效进行评估，本书基于制度保障体系及其体制机制优化分析，构建一个面向市场的创新体系运转效果的评价体系，评价机制主要考虑制度体系是否充分发挥了政府在市场导向创新体系中的促进和保障作用，解决各创新生态主体对制度体系的适应性和反馈状况，以及是否促进了市场导向条件下企业的长远发展，其目的是更好地改进现有的制度保障体系，切实发挥制度在市场导向创新体系中的保障作用，并据此提供有效激发整体创新活力和提高创新能力的政策建议。

7.2 实践指导与政策建议

当前，创新引领发展已成为我国产业结构调整和经济发展的大方针、主旋律，也是我国企业有效参与“一带一路”建设的重要机遇。如何让这些方针政策真正落地生根、如何指导我国有效构建企业创新体系从而提升核心竞争优势，是本研究的核心目标。尽管我国政府出台了诸多有利政策，但究竟现阶段应构建哪些政策以保障企业创新体系的顺利运行与实践，都是需要深入考虑且事关创新驱动发展国家战略能否真正落地生根的关键问题。

7.2.1 提升政府服务效能

从政府服务的角度来看，本书在辩证分析政府在市场导向创新体系中的作用的基础上，总结出政府在市场导向创新体系的全过程中所应具有的支持、引导、推动、保障等功能，帮助市场导向背景下创新体系生态系统顺利构建、提供制度保障与制度优化，出台一系列的文件和优惠政策引导和鼓励企业构建面向市场的核心竞争优势，同时要避免政府这只“看得见的手”的负面作用。政府需要破除体制机制障碍，遵循市场规律，把握对企业干涉的力度，确保政府在市场导向创新体系构建和运行过程中真正做到“有所为、有所不为”，切实保障面向市场的创新体系的成功实施。财政资源配置、创新硬件设施配备、知识产权保护、科技成果转化平台搭建等都是政府保障企业创新体系有效运行的重要手段，然而怎样更加充分合理地利用这些措施与手段，是未来研究的重点之一。

7.2.2　改善营商环境

新知识的创建带来新技术的改革，最终形成新的商品甚至新的商业模式。没有任何一个国家能够单独生产保持竞争力和持续创新改进所必要的全部知识。因此，各国都有介入国际创新体系的急切意愿。与创新活动相关的外向和内向外国直接投资是实现这一点的两种途径。为了吸引对于创新的外国直接投资，获得研发活动可能产生的好处，避免可能的负面效应，需要处理一些政策和环境问题，其中重要的一点就是改善营商环境。通过对税制环境、知识产权保护、投资者保护、治安环境等问题的优化，吸引更多外来投资来华，改善营商环境，与国际创新体系逐步接轨，也是未来研究的重点。

7.3　本书的创新之处

7.3.1　揭示企业创新体系构建机制与运行规律

鉴于创新链条存在显著的过程性特征和动态演化的本质，政府能否对市场导向下的创新体系中各阶段、各主体、各节点及整个创新体系进行有效构建与运行，直接关系到创新目标的实现。理想的创新体系构建机制与运行规律既依赖于市场导向的出发点和落脚点，也需牢牢把握政府在创新体系中的作用边界和作用机制。基于此，本书采用“全链条＋过程性＋动态演化”的系统论视角揭示了企业创新体系的构建机制与运行规律，并通过建立有效的评价机制，确保创新体系运行的有效性和适用性。

7.3.2 阐明政府在企业创新体系中的作用机制

公共经济学专门研究政府经济行为中的规律，论述各级政府部门和公共组织存在的意义和行为，旨在回答政府需要做什么以及应该怎么做的问题。基于公共经济学的分析框架，本书全面揭示了我国“政府与市场”双元情境下，政府在企业创新体系中的角色定位和职能定位，辩证地分析了政府在企业创新体系中的双重作用及角色差异，厘清了政府在企业创新体系中的作用边界与作用机制。

7.3.3 完善企业创新体系的制度保障措施与体制机制新动能

以往较少有研究运用制度理论，借鉴新制度经济学的思想，从全局性视角剖析政府、高校、科研院所、企业、金融机构和中介机构等生态主体之间的交易成本问题、沟通信任问题、机会行为问题和全局激励问题。本书探索性地引入制度理论，深度贯彻市场导向的立项思想，通过分析多元主体在制度框架下的要素流动行为，聚焦并澄清市场导向创新体系的机制障碍，在深挖政府作用边界和作用机制的基础上，分析并完善市场导向创新体系的政策保障，有效培育制度新动能以及对体制机制进行优化。

7.3.4 提出企业创新体系良性运转的策略与政策建议

从中国独特的“政府与市场”双元情境的角度出发，本书基于政策分析工具，对企业创新体系的运行效果做出评价，同时，评价企业创新体系中政府与市场的绩效，这对于企业创新体系良性运转过程中为各级政府部门提供有针对性且切实可行的策略与政策建议也具有一定的指导与借鉴意义。

参考文献

安涌洁，胡贝贝，刘海波，2023．中国技术要素市场演化：基于市场社会学理论视角[J]．科技进步与对策，40(5)：1－13.

毕亮亮，2011．区域创新系统研究述评与展望[J]．中国科技论坛，17(12)：99－104.

陈国辉，李长群，2000．论会计市场失灵与政府监管[J]．会计研究(8)：24－28.

陈国卫，金家善，耿俊豹，2012．系统动力学应用研究综述[J]．控制工程，19(6)：921－928.

陈洪涛，2009．新兴产业发展中政府作用机制研究[D]．杭州：浙江大学.

陈洪涛，陈劲，施放，等，2009．新兴产业发展中的政府作用机制研究：基于国家政治制度结构的理论分析模型[J]．科研管理，30(3)：1－8.

陈劲，黄海霞，2018．建设科技创新强国理论与实践探索[J]．中国科技论坛(1)：7－15.

陈杨，王智源，赵炎，等，2010．基于系统动力学的军队后勤组织体制改革机理仿真研究[J]．军事运筹与系统工程，24(3)：45－50.

池仁勇,2003.企业技术创新效率及其影响因素研究[J].数量经济技术经济研究,20(6):105－108.

德雷,乔瑞华,2023.新型“占取”:金融市场资本主义的动力与局限[J].国外理论动态(1):127－136.

丁刚,郭瑶瑶,2019.福建省构建市场导向的绿色技术创新体系探究[J].发展研究(2):41－49.

杜人淮,2006.论政府与市场关系及其作用的边界[J].现代经济探讨(4):67－70.

方晓东,董瑜,2021.法国国家创新体系的演化历程、特点及启示[J].世界科技研究与发展,43(5):616－632.

高培勇,樊丽明,洪银兴,等,2022.深入学习贯彻习近平总书记重要讲话精神 加快构建中国特色经济学体系[J].管理世界,38(6):1－56.

高振娟,赵景峰,张静,等,2021.数字经济赋能消费升级的机制与路径选择[J].西南金融(10):44－54.

官建成,何颖,2005.基于DEA方法的区域创新系统的评价[J].科学学研究,23(2):265－272.

郭淡泊,雷家骕,张俊芳,等,2012.国家创新体系效率及影响因素研究:基于DEA-Tobit两步法的分析[J].清华大学学报(哲学社会科学版),27(2):142－150.

韩立民,神瑞明,2013.蓝色硅谷建设中政府作用机制研究[J].改革与战略,29(7):113－116.

何显明,2007.市场化进程中的地方政府角色及其行为逻辑:基于地方政府自主性的视角[J].浙江大学学报(人文社会科学版),37(6):25－35.

何雄伟,2020.“双循环”新发展格局背景下我国科技创新的战略选择[J].企业经济,39(11):140－146.

洪银兴,2014.关于市场决定资源配置和更好发挥政府作用的理论说明[J].经济理论与经济管理,34(10):5-13.
洪银兴,刘伟,高培勇,等,2018."习近平新时代中国特色社会主义经济思想"笔谈[J].中国社会科学(9):4-73.
胡锦娟,2014.科技金融创新实践与政府作用边界[J].财会月刊(下)(10):38-41.
胡乐明,2001.公共物品与政府的作用[J].财经研究,27(8):11-16.
胡宪君,游静,2013.区域战略性新兴产业发展的政府作用机制研究[J].国际商务研究,34(4):49-59.
胡玉奎,1988.系统动力学:战略与政策实验室[M].杭州:浙江人民出版社.
胡志坚,苏靖,1999.区域创新系统理论的提出与发展[J].中国科技论坛(6):20-23.
华冬芳,蒋伏心,2019.信息时代科技中介的环境变化与发展对策[J].现代经济探讨(7):19-23.
黄志坚,吴健辉,贾仁安,2007.基于系统动力学理论的农业技术传播的仿真分析[J].安徽农业科学,35(12):3457-3458.
贾华强,2010.发展经济学教程[M].北京:中共中央党校出版社.
贾晓峰,高芳,胡志民,2021.国家创新体系建设的结构、功能、生态视角分析[J].科技管理研究,41(22):1-6.
姜军,武兰芬,李必强,等,2004.发达国家政府在创新体系中的作用方式及启示[J].辽宁科技参考(9):34-39.
蒋选,刘皇,2015.创新政策:作用路径与机制研究:基于创新系统的视角[J].科技管理研究,35(17):1-6.
孔欣欣,2008.部门创新体系:一个影响当今产业创新政策的重要概念[J].科学学与科学技术管理,29(2):76-81.
雷小苗,李正风,2021.国家创新体系结构比较:理论与实践双维视角

[J]. 科技进步与对策,38(21):8－14.
李昌麒,王怀勇,2006. 政府干预市场的边界:以和谐产业发展的法治要求为例[J]. 政治与法律(4):15－23.
李春龙,2012. 经济效率视角下的政府市场边界划分及治理探索[J]. 财政研究(10):13－16.
李光德,2012. 产业梯度转移中的政府作用机制研究[J]. 江汉论坛(7):21－24.
李慧芳,肖仁桥,2018. 企业创新生态系统运行机制和绩效研究述评[J]. 重庆科技学院学报(社会科学版)(3):35－39.
李建端,2018. 市场竞争与企业创新探究[J]. 现代商贸工业,39(4):56－58.
李健英,2015. 部门创新体系建设中的永利模式[J]. 中国经济史研究(4):2.
李琪,2019. 关于发挥政府和市场作用的研究[J]. 经济研究参考(12):18－30.
李研,梁洪力,2014. 科技类社会组织在建设区域创新体系中的作用:以中关村为例[J]. 中国科技论坛(2):22－26.
李燕萍,沈晨,罗静子,2014. 基于企业创新主导的区域创新体系及其要素协同:以台湾新竹科学园为例[J]. 科技进步与对策,31(13):54－58.
联合国贸易与发展会议,2006. 2005 年世界投资报告:跨国公司和研发国际化[M]. 北京:中国财政经济出版社.
林文浩,2002. 系统动力学模型关键参数的遗传算法估计[J]. 福建农林大学学报(自然版),31(3):404－407.
林泽炎,林晨阳子,2022. 新发展阶段民营企业创新发展的逻辑及政策[J]. 经济研究参考(6):57－64.
刘静华,喻登科,周荣,2019. 新经济环境下新型二元创新体系研究:

技术创新与商业模式创新矛盾统一视角[J]. 科技进步与对策,36(8):9-18.

刘若姣,都沁军,2023. 政府干预理论下企业绩效的实证研究:基于股权集中度和股权性质的调节效应[J]. 当代经济管理,45(4):31-38.

刘伟,裴长洪,樊纲,等,2022. 以中国式现代化推进中华民族伟大复兴:学习贯彻党的二十大精神笔谈(下)[J]. 经济研究,57(12):4-30.

刘迎,2014. 加快企业为主体市场为导向产学研相结合的自主创新体系建设[J]. 商场现代化(27):269-270.

柳玉梅,陈灵芝,孙玉涛,2023. 国家创新治理体系:发展水平、关键要素及适应性:一项中国与 OECD 国家的比较[J/OL]. 科学学研究:1-20[2023-09-01]. https://www.cnki.com.cn/Article/CJFDTotal-KXYJ20230331001.htm.

卢现祥,李磊,2021. 强化企业创新主体地位 提升企业技术创新能力[J]. 学习与实践(3):30-44.

路甬祥,2002. 对国家创新体系的再思考[J]求是,20(1):11-18.

罗必良,2000. 市场、企业和政府:功能边界与作用范围:基于交易费用经济学的考察[J]. 学术研究(7):41-45.

吕铁,贺俊,2018. 从中国高铁经验看产业政策和部门创新体系的动态有效性[J]. 学习与探索(1):86-92.

吕炜,靳继东,2021. 财政、国家与政党:建党百年视野下的中国财政[J]. 管理世界,37(5):24-45.

申晓勇,2020. 新中国 70 年国防科技工业发展特点和经验研究[J]. 武汉科技大学学报(社会科学版),22(3):318-322.

盛洪,1992. 市场化的条件、限度和形式[J]. 经济研究(11):71-79.

盛泽宇,李青,2022. 理解和确立政府行为的竞争边界[J]. 竞争政策研究(6):27－56.

宋炳林,2013.我国区际产业转移的政府作用机制研究[J].管理现代化(6):40－42.

孙玉涛,刘凤朝,2016.中国企业技术创新主体地位确立:情境、内涵和政策[J].科学学研究,34(11):1716－1724.

王福涛,2022.中国国家创新系统模式选择研究:理论、历史与实践[J].学术前沿(20):55－62.

王海燕,张钢,2000.国家创新系统理论研究的回顾与展望[J].经济学动态(11):66－71.

王凯霞,敬莉,2015.基于影响区域产业转移作用力下的政府作用机制研究[J].经济界(1):69－75.

王玲,2018.浅析日本国家创新体系改革新动向[J].世界科技研究与发展,40(6):571－583.

王其藩,1994.系统动力学[M].北京:清华大学出版社.

王其藩,李旭,2004.从系统动力学观点看社会经济系统的政策作用机制与优化[J].科技导报,22(5):34－36.

王清,刘玲斐,2023.政党主导型的国家政权建设研究:2018年国家机构改革逻辑分析[J].国家现代化建设研究,2(1):79－91.

王瑞丹,2004.优化科技成果转化的政策性机制研究[J].中国行政管理(6):29－32.

王廷惠,2002.自然垄断边界变化与政府管制的调整[J].中国工业经济(11):23－30.

王雪苓,2006.转型期我国国家创新体系中的市场和政府:基于创新资源配置功能的分析[J].工业技术经济,25(11):6－9.

吴贵生,王毅,王瑛,2002.政府在区域技术创新体系建设中的作用:以北京区域技术创新体系为例[J].中国科技论坛(1):30－35.

吴洁,施琴芬,2008.知识创新与转移:高校学术论文产出的效率研究

[J]. 科学学与科学技术管理,29(3):95－98.

袭希,丁莹莹,2020. 技术生态位视角下技术创新系统述评[J]. 技术经济与管理研究(7):3－10.

肖洪武,2008. 加快建设科研与教育有机结合的知识创新体系研究[J]. 科技和产业,8(5):90－93.

谢家平,孔令丞,梁玲,2022. 数字时代市场导向下中国绿色技术创新体系构建研究[J]. 当代经济管理,44(12):18－26.

熊彼特,1990. 经济发展理论[M]. 何畏,易家详,等译. 北京:商务印书馆.

徐剑波,鲁佳铭,2019. 以色列国家创新竞争力发展的特点、成因及其启示[J]. 世界科技研究与发展,41(4):429－438.

徐宇珊,2010. 政府与社会的职能边界及其在实践中的困惑[J]. 中国行政管理(4):36－38.

玄光男,程润伟,2000. 遗传算法与工程设计[M]. 汪定伟,等译. 北京:科学出版社.

薛晓光,张亚莉,高秀春,2018. 中国国家创新体系的发展现状与完善[J]. 现代管理科学(9):58－60.

严成樑,胡志国,2013. 创新驱动、税收扭曲与长期经济增长[J]. 经济研究(12):55－67.

严锦梅,刘戒骄,2022. 系统视角下国家创新体系中的政府作用:基于美国和日本的创新实践综述[J]. 中国科技论坛(2):50－58.

杨东德,滕兴华. 美国国家创新体系及创新战略研究[J]. 北京行政学院学报,2013,(6):77－82.

杨国光,2013. 环保产业发展中政府作用机制研究[D]. 天津:天津师范大学.

杨靓,2013. 基于遗传算法的创新竞赛机制优化[D]. 成都:西南交通大学.

姚程,2021.科技创新与制度创新:中国经济发展的必然选择与必要选择[J].新疆社会科学(2):29-36.

尤喆,成金华,易明,2019.构建市场导向的绿色技术创新体系:重大意义与实践路径[J].学习与实践(5):5-11.

游小郡,杜德斌,张斌丰,等,2014.高校在国家知识创新体系中的作用评价:基于部分创新型国家和中国的比较研究[J].科技创新导报(28):9-11.

余东华,2004.政府与市场:一个管制经济学的视角[J].经济体制改革(1):44-48.

余华,唐斌,2015.我国产学研协同创新机制优化路径研究[J].湖南工业大学学报(社会科学版),20(4):22-25.

袁潮清,刘思峰,2013.区域创新体系成熟度及其对创新投入产出效率的影响:基于我国31个省份的研究[J].中国软科学,267(3):101-108.

袁文融,杨震宁,2021.营商环境如何影响居民创业:营商硬环境与软环境的异同[J].技术经济,40(11):35-45.

张杰,2022.强化国有企业对中国国家自主创新能力体系支撑力的途径与对策[J].河北学刊,42(6):119-129.

张杰,李荣,2018.政府主导与市场决定的有机融合:基于对中国产业政策和创新政策的反思[J].江苏行政学院学报(3):45-53.

张力菠,韩玉启,陈杰,等,2005.供应链管理的系统动力学研究综述[J].系统工程,23(6):8-15.

张文修,梁怡,2003.遗传算法的数学基础[M].2版.西安:西安交通大学出版社.

张旭,郭义盟,2022.社会主义市场经济三十年:理论进展及其评价[J].经济思想史学刊(4):3-57.

张璇,王珍珍,2017.SFE框架下福建省区域创新能力提升研究:基于东部沿海六省(市)的比较分析[J].福建农林大学学报(哲学社会科学版),20(6):33－42.
张玉臣,罗芬芬,2015.国家创新活动绩效评价的比较研究[J].科研管理(S1):145－150.
张志强,陈云伟,2020.建设适应经济社会发展趋势的科技创新体系[J].中国科学院院刊,35(5):534－544.
赵建生,2010.技术经济学[M].郑州:河南科学技术出版社.
赵晓雷,2021.改革开放制度变革特征与经济思想发展转型辨析[J].经济思想史学刊(4):25－57.
赵艺璇,成琼文,陆思宇,等,2023.创新生态系统中参与者资源获取路径研究:社会嵌入视角的多案例分析[J].管理学报,20(2):159－170.
赵紫佳,曾立,2022.市场导向的绿色国防科技创新体系机理与路径研究[J].科技和产业,22(12):93－100.
郑雪英,2007.国外区域创新体系建设中政府作用的比较及启示[J].经济纵横(4X):10－12.
中央财经大学课题组,2006.中央政府与地方政府责任划分与支出分配研究[J].经济体制改革(6):10－15.
钟永光,贾晓菁,李旭,等,2009.系统动力学[M].北京:科学出版社.
周海涛,林映华,2016.政府支持企业科技创新市场主导型政策构建研究:基于“市场需求—能力供给—环境制度”结构框架[J].科学学与科学技术管理,37(5):3－16.
周杰,周静,蔡世清,等,2016.基于遗传算法的参与式感知激励机制的优化[J].科学技术与工程,16(17):230－234.
周密,胡清元,2022.区域科技创新政策协同的多维度文本分析:基于京津冀和长三角的异质性视角[J].首都经济贸易大学学报,24(6):59－76.
周卫军,刘加林,2018.市场导向下新型研发组织协同创新机理及保障机制探析[J].湖南人文科技学院学报,35(1):72－76.

朱雪祎,方存好,孟硕,2007.区域技术创新体系中的市场失灵与政府政策选择的研究[J].中国软科学(5):146-153.

朱泽钢,2022.治理机制对绿色技术创新的驱动作用[J].中国软科学(12):125-135.

庄芹芹,吴滨,洪群联,2020.市场导向的绿色技术创新体系:理论内涵、实践探索与推进策略[J].经济学家(11):29-38.

COOKE P,URANGA M G,ETXEBARRIA G,1998. Regional systems of innovation: An evolutionary perspective [J]. Environment and Planning A,30(9):1563-1584.

CORNELL UNIVERSITY, INSEAD, WIPO, 2015. The Global innovation index 2015: Effective innovation policies for development[R]. Fontainebleau,Ithaca,and Geneva.

DOLOREUX D, PARTO S, 2005. Regional innovation systems: Current discourse and unresolved issues [J]. Technology in Society,27(2):133-153.

DREJER I,2000. Comparing patterns of industrial interdependence in national systems of innovation: A study of Germany, the United Kingdom, Japan and the United States [J]. Economic Systems Research,12(3):377-399.

FATMA A,2018. Overview of the Japanese Innovation Systems vs. the American Innovation System[J]. Journal of Global Economics, 6(4).

FROMHOLD-EISEBITH M, 2007. Bridging scales in innovation policies: How to link regional, national and international innovation systems[J]. European Planning Studies,15(2):217-233.

GEJO-GARCÍA J,RESCHKE J,GALLEGO-GARCÍA S,et al,2022. Development of a system dynamics simulation for assessing manufacturing systems based on the digital twin concept[J]. Applied Sciences,12:2095.

LAZAREVIC D, KAUTTO P, ANTIKAINEN R, 2020. Finland's wood-frame multi-storey construction innovation system: Analysing motors of creative destruction[J]. Forest Policy and Economics,110(C).

LI T C,HAN D R,DING Y Y,et al,2018. The operation evaluation of China's marine industry technology innovation system[J]. Journal of Coastal Research,83(spl):807－813.

LUNDVALL B A, 1985. Product innovation and user-producer interaction[M]. Aalborg:Aalborg University Press.

LUNDVALL B A,1992. National systems of innovation:Towards a theory of innovation and interactive learning[M]. London:Pinter Publishers.

MALERBA F,2002. Sectoral systems of innovation and production [J]. Research Policy,31(2):247－264.

MARDEN J R,SHAMMA J S,2015. Game Theory and Distributed Control [J]. Handbook of Game Theory with Economic Application,4:861－899.

METCALFE J S, 1995. The economic foundations of technology policy: Equilibrium and evolutionary perspectives [M]// STONEMAN P. Handbook of The Economics of Innovation and Technological Change. London:Blackwell.

MEUER J, RUPIETTA C, BACKEES-GELLNER U, 2015. Layers of co-existing innovation systems[J]. Research Policy,44(4):888－910.

NASIEROWSKI W, ARCELUS F J, 2003. On the efficiency of national innovation systems [J]. Socio-Economic Planning

Sciences, 37(3): 215 - 234.

NASIEROWSKI W, ARCELUS F J, 1999. Interrelationships among the elements of national innovation systems: A statistical evaluation[J]. European Journal of Operational Research, 119(2): 235 - 253.

OECD, 1998. Technology, productivity and job creation: Best policy practices[R]. Paris: OECD.

SABRI O, DJEDIDI A, HANI M, 2021. When does coopetition affect price unfairness perception? The roles of market structure and innovation[J]. Journal of Business and Industrial Marketing, 36 (2): 209 - 229.

USTINOVA L N, MAKAROV M A, BRITVINA B V, 2022. Model of digital transformation of the innovation ecosystem based on the technological platform[J]. π-Economy, 15(96).

XU Y, GE W F, LIU G L, et al, 2022. The impact of local government competition and green technology innovation on economic low-carbon transition: New insights from China. [J]. Environmental Science and Pollution Research, 30: 23714 - 23735.